高等教育工作者
禪修正念學習與實踐心路歷程

The Mental Journey for Higher Educators in Studying and Practicing Mindfulness Meditation

六位教授將多年信解行證的修行所得，以及應用在高等教育工作上的心路歷程，
毫無保留地真誠分享。

姜義勝　楊振昇 ──── 著

元華文創

序　言

　　當前大學校園師生，面對社會多元價值觀，如果對生命本質沒有正確的認知，往往迷失其中而不自知。學生們在面對課業、經濟和未來就業等壓力，加上認知和價值觀的迷惘，往往沉溺於網路社群虛擬世界，為減輕壓力卻運用不適當的方法，反而造成身心的傷害。根據董氏基金會對全國大專校院學生調查研究報告顯示，將近有 25 萬人，幾乎五人中有一位有明顯憂鬱情緒；另依據家扶基金會調查報告顯示，約三位大孩子中就有一位有情緒困擾問題；而同時在校園擔任教學、研究和輔導及服務的教師，本為學生遭遇人生困境時的協助者角色，也面臨教師評鑑、限期升等和教育行政工作等壓力，導致緊張、焦慮和失眠等情緒困擾，輕者以安眠藥幫助入睡，重者導致憂鬱傾向，大學教授過勞死和自殺身亡的報導更是時有所聞。古之師者，傳道、授業、解惑也，現在的高等教育工作者，每天忙於教學和研究，又要兼任行政服務職務和擔任導師輔導等工作，如能顧到教學或是研究就已經不錯了，更遑論還要勝任行政服務和輔導學生，真正是泥菩薩過江，自身難保，這也難怪大部分教授們視行政服務和輔導學生為畏途，能免則免。然而作者認識有一些多年從事高等教育工作者，同時也是禪修正念學習與實踐者，悠遊於教學研究和服務輔導工作中，甘之如飴，他們是如何做到？禪修正念的學習如何幫助他們(自利)，同時也幫助輔導的學子們(利他)，就讓我們從本書中，來看看他們的學習和實踐的心路歷程吧！

　　本書是博士論文所改寫，由研究論文撰寫者與指導教授共同完成，全書共分為三大部分，第一部分為「緣起與理論」共計三章，包括本書

研究寫作緣起，禪修正念理論和實證文獻回顧探討，以及高等教育工作者訪談相關研究設計。

第二部分為「體現與實踐」，也是本書精華和重點，透過共同參與研究的六位受訪教授的法布施，分享他們在禪修正念中信解行證的生命歷程。話說昔日楞嚴法會上，有二十五位大阿羅漢及菩薩們，分別敍說自己所證得的圓通法門，利益後來學人；而本書六位在高等教育學術界素有厚望的教授們，願意接受訪談，同時將多年修行所得應用在高等教育上的學習和實踐經驗，毫無保留和真誠分享，真正是落實菩薩的布施行誼。

第三部分為「學習歷程參考」，將學習禪修正念有成的高等教育工作者的共同心路歷程，對於身心靈健康的影響，以及運用在教學研究輔導及服務工作上，有許多共同的經驗，以及作者本身省思和心得，分享給讀者參考。

本書中六位於國內各大學任職教授，對於本身體現實踐禪修正念的心路歷程分享，是本書最大貢獻者；本書研究撰寫過程，承蒙中正大學林明地教授、新竹教育大學李安明教授、政治大學張奕華教授以及暨南國際大學吳京玲教授，給予鼓勵和指導，作者在撰寫過程中也是受益最多者，謹致上無限感恩與敬意；此外，編寫過程，承蒙多位師長們督促和指導，以及元華文創圖書公司欣芳主編耐心協助，也一併致上萬分誠摯謝意。雖然本書編撰過程力求嚴謹，但仍恐有疏漏或誤繕等缺失，仍祈各方學界先進不吝給予指正。

姜義勝　楊振昇　謹識

2022 年 05 月 01 日

目　次

第壹篇　緣起與理論部分

圖目次

表目次

第壹篇

緣起與理論部分

第一章　緣起

「手把青秧插滿田，低頭便見水中天；

六根清淨方為道，退步原來是向前。」

---唐·布袋和尚---

　　回首來時路，個人在尚未學習禪修正念前，與一般人一樣，心中總有許多無明和煩惱之苦，只是所苦所煩惱的事情不相同罷了。依稀記得成長過程中，總希望能快快長大，因為大人好像都可以自己作主，彷彿長大以後苦悶就不會存在，事事能如己意，煩惱也會遠離。然而當長大乃至成家立業後，煩惱卻依然如影隨形，只是煩惱的事情變得不一樣。出社會多年以來，遍嚐人生八苦[1]，卻不知苦的原因，當然也就無法所謂吃苦了苦。

　　佛經上提到，人身難得，佛法難聞，善知識難遇；多年前在因緣際會下，個人公務生涯商調到財政部服務，當時部裡有個職員禪坐社團，而我的主管即是禪坐社社長，他除了在業務上給予我許多指導外，更用心方便接引我學習佛法，所以是我禪修學佛的善知識，更難得的是私下以師兄弟和同參道友相處，與我可說亦師亦友。服務財政部期間除了參加禪坐社團外，其後開始到禪修道場，正式學習禪修課程（心路歷程如

---

[1] 乃眾生輪迴六道所受之八種苦果，為四諦中苦諦之主要內容。即：（一）生苦。（二）老苦。（三）病苦。（四）死苦。（五）愛別離苦。（六）怨憎會苦。（七）求不得苦。（八）五陰盛苦。錄自《佛光大辭典》，p291。

表 3-1）。聽經聞法後，逐漸瞭解因果[2]、空性[3]、與心性[4]之理，對於苦因之疑，終於在佛法當中尋得；自此面對八苦境界時，薰修佛法的道理總會適時浮現，給予自己正向的思惟，因為凡事均有因有果，承擔就能吃苦了苦；誠如《菩提達磨大師略辨大乘入道四行觀[5]》之報冤行所云：

「修道行人若受苦時，當自念言：我往昔無數劫中，棄本從末，流浪諸有，多起冤憎，違害無限；今雖無犯，是我宿殃，惡業果熟，非天非人所能見與，甘心甘受，都無冤訴。經云：逢苦不憂。何以故？識達故。」

透過禪修靜坐和聽經聞法後，了解佛法就像一盞明燈，指引著我回到本自清淨的自性之家，也領悟到只要能時時覺觀、覺察、覺照，內心就會有一盞明燈，如同撥雲見日般，時時照亮這條心路。學習禪修正念後，了知雖然人生還是要面對不同的境界，但相信只要將佛法的道理重慮緣真，自然就能「生處轉熟，熟處轉生[6]」。所謂知苦－了達因緣果報所生苦果；茹苦－當下承擔，甘心甘受；了苦－看開放下。禪修正念

---

[2] 指原因與結果。亦即指因果律。為佛教教義體系中，用來說明世界一切關係之基本理論。蓋一切諸法之形成，「因」為能生，「果」為所生；亦即能引生結果者為因，由因而生者為果。錄自《佛光大辭典》，p2293。

[3] 指空之自性、空之真理，乃真如之異名。依唯識家之說，真如為遠離我、法二執之實體，故修空觀而離我法二執之處，真如實體即躍然而現，亦即依空而顯明實性，非謂真如之體為空。錄自《佛光大辭典》，p3477。

[4] 即心之本性。又稱自性。心之本性有清淨、染污，或二者皆不是，或二者皆是等說，於佛教思想史上為經常論議之事，而以心性本淨說為其主流。錄自《佛光大辭典》，p1402。

[5] 錄自 CBETA（2009），X 1217《菩提達磨大師略辨大乘入道四行觀》。

[6] 「生處轉熟，熟處轉生」，就是將原來生疏的善法，轉為熟悉的；而原來熟悉的惡法，轉為生疏的。錄自 http://www.ctworld.org.tw/questions/231.htm。

的體悟層次上雖尚未見十五圓月，但只要認得回家的心路，相信人生之途一定會愈走愈光明。

猶記得多年前第一次參加金融界禪三，當時有一天清晨的鐘聲和鼓聲讓我印象深刻，事後禪三心得中有寫道：「拂曉聲聲鐘，敲醒吾人塵世夢；暮鼓頻頻催，此生不度待何世」。自此十餘年來持續在道場中擔任義工，薰修佛法學習禪修正念未嘗間斷。

個人學習佛法接觸禪修團體多年，常思索著禪修的意義何在？是否只是個人追求身心的健康？還是有其他更值得追求的目的？禪修的重點又為何？在思索博士論文的方向和題目時，想起有一次學界禪七時的開示，師父提到做為一位老師或學者發表言論和撰寫文章會影響許多人，把握的原則是要能夠「正德、利用、厚生」，這給了我重要的指引方向。另外記得有一次跟師父請法，問到個人如何修行，師父告知修行就是要在身口意上用功，隨時注意自己的起心動念，讓自己的身口意三業清淨，這也讓我在日後修行用功有了正確的方向和準則。

「禪七」是每位學習禪修正念者最重要的體悟驗證的過程和法門之一。本書六位研究參與者，每位也都至少參加過二次以上的正式禪七活動。研究者於 1998 年參加過第一次禪七，最近一次是於 2014 年 7 月參加的全國暑期學界禪七（行程和內容如附錄一）。在此次禪七中體會到所謂「禪者，佛之心；佛者，覺也；覺者，究竟正念也」。更深刻體會吾人本具的清淨心，亦即中道實相[7]，也就是每個人的覺性。從而更進

---

[7] 即離開二邊之極端、邪執，為一種不偏於任何一方之中正之道，或觀點、方法。又作中路，或單稱中。中道係佛教之根本立場，於大、小二乘廣受重視，故其意義雖各有深淺，但各宗以此語表示其教理之核心則為一致。中道之意義稱中道義，中道之真理稱中道理。中道教（三時教之一）即指中道之教說，以中道為旨之立場稱為中道宗（法相宗主張唯識中道，並自稱為中道宗），觀中道稱為中道觀（全稱中道第一義諦觀，為三觀之一）。又因中道乃表示宇宙萬有之真實相，故就中道即實相之意義而言，稱為中道實相。錄自《佛光大辭典》，p1030。

一步體會佛法所言因緣果報、緣起[8]性空[9]和心性之理的真實義理。

在禪堂七天當中，第一二天因世俗塵勞尚重，止觀法門用「數息觀」及「觀息法」，第三天以後妄想昏沉較少，身心較為安頓了，開始用「中道實相觀」；主七和尚開始即殷切開示，佛陀於菩提樹下開悟後道出：「一切眾生皆有如來本具智慧德相，只因妄想執著而不自證得。」，告知學人心性本具，只要放下妄想執著即可證得本具清淨心；而修「中道實相觀」最重要的是「信」和「歇」二字；「信」即是對心性本具人皆可頓要有信心，所謂信為道緣功德母；「歇」即是要停止妄想放下執著；沒有妄想、昏沉、無聊和無記，能知的那念心即是「中道實相」，也就是人人本具的清淨心。大和尚在禪堂中精要提示「萬緣放下觀自在，一念不生見如來」，更有如醍醐灌頂。

猶記第六天，在聽完主七法師開示楞嚴經二十五圓通章中，畢陵伽婆蹉尊者悟道公案後，更進一步體會到坐長香後能知腿痛的這念心，清楚明白不打妄想，沒有昏沉、無聊、無記即是「中道實相」，也是吾人的真生命，也就是禪宗所謂「父母未生之前的本來面貌」和「拖死屍的是誰」；當天晚上走出禪堂，在燈光下清楚明白看到「我的」身影，剎那體會那念「能知的心」和禪堂內靜坐時「能知的心」，無二無別；而那「我的身影」和禪堂內靜坐時「我的身體」，同樣是五蘊假合而成；此時，平時背誦的心經字句不自覺地現前——「觀自在菩薩，行深般若波羅蜜多時，照見五蘊皆空，度一切苦厄……」。

---

[8] 指一切諸法（有為法），皆因種種條件（即因緣）和合而成立，此理稱為緣起。即任何事物皆因各種條件之互相依存而有變化（無常），為佛陀對於現象界各種生起消滅之原因、條件，所證悟之法則。錄自《佛光大辭典》，p6126。

[9] 依《大智度論》卷三十一載，性空者，謂諸法之性未生時為空無所有，遇眾緣和合時則生起諸法，若無眾緣，亦空無所有，如水藉火之燃燒而沸騰，遂顯出熱性，若火熄滅，熱性亦失。錄自《佛光大辭典》，p3230。

　　禪七後，回家的第二天早上靜坐後誦金剛經時，對於經中偈語：「過去心不可得，現在心不可得，未來心不可得」、「凡所有相，皆是虛妄。若見諸相非相，即見如來」、「若以色見我，以音聲求我，是人行邪道，不能見如來」、「如來者，無所從來，亦無所去，故名如來」等偈語，似乎更能體會其真實義理。

　　研究者個人平常很喜歡閱讀禪詩和禪宗公案，在禪堂中法師開示後咀嚼更別有一番味道，如陶淵明的「歸去來兮，田園將蕪胡不歸」、「結廬在人間，而無車馬喧，問君何能爾，心遠地自偏」；蘇東坡的「溪聲盡是廣長舌，山色無非清淨身」。而無盡藏禪師「盡日尋春不見春，芒鞋踏破嶺頭雲；歸來偶把梅花嗅，春在枝頭已十分」更讓我心有戚戚焉的感覺，也體會到原來過去祖師大德、古聖先賢和我現在所體會的這一念心，無差無別，也難怪說是跟佛祖同一個鼻孔出氣。

　　師父在解七前開示，悟了這念心後要保任，亦即時時要保持這念覺性存在，進而廣行自利利他的菩薩行，所謂悟後起修方是真修。在禪堂內是要萬緣放下悟這一念心，出了禪堂則是要時時提起正念，修一切善不執著一切善，所謂「靜則一念不生，動則萬善圓彰」，先依據世間善法，即以法律、倫理道德，以及因緣果報作為依循準則，然世間善總有不圓滿之處，因此要時時檢討、反省、修正和放下；如此，中道實相觀就不只是在禪堂中修，回到現實生活中，不論是家庭工作乃至於做人處事應對進退就能夠有所依據，一樣也是能夠繼續薰修，最後再提升到出世間的無為善法和究竟正念。

　　上述禪七體會，在此次訪談六位教授的分享和文本分析中，更能同理瞭解到，學習禪修正念的教授們為何如此願意布施，乃至放下個人名相成就他人，因為這些都是走出禪堂後自利利他的菩薩行，不只是成就

他人，也是成就自己的法身慧命[10]。

　　禪七中師父一再強調正知見[11]的重要性，因為差之毫釐失之千里，禪修正念的學習如能確立正知見，則雖然一時尚無法達到佛的境界和知見，但只要方向和目標對了，終有一天會到達目的地；不然雖然很努力，但知見錯誤如同南轅北轍，只會走遠路乃至走錯路。西方醫界和學術界等目前將正念（mindfulness）運用在醫療上如 MBSR 或 MBCT[12]等等，它也是禪修正念的世間善法之一；佛法所謂「方便有多門，歸元無二路」，然而在廣開方便門時，最重要的是要能安住大乘心，依循正確的知見。禪修學習者如果能夠進一步瞭解正念當中因緣果報、緣起性空乃至心性之理，體悟禪修正念的最終目的是幫助每個人離苦得樂、了脫生死和證得菩提涅槃，那對人生將會有更大的受益。

　　本書研究者為充實本研究內容和資料，以及瞭解目前在西方學術界盛行的正念運用 MBCT 和 MBSR 等，因此在博士論文題目通過提綱初試後，申請前往牛津大學正念中心學習，參加了三場與禪修正念相關的工作坊和論壇，主題分別為：

　　第 一 場「 Groups in Mindfulness-Based Teaching 」；第 二 場「 Mindfulness in Higher Education 」；第 三 場「 The Breathworks Approach to Mindfulness for Chronic Pain, Illness & Stress 」。其中第一場，參與者主要是牛津大學醫學院精神科和英國各地心理治療團體學者；第二場則是以英國及各國大學從事心理輔導和心理治療領域學者為

---

[10] 法身指佛所說之正法、佛所得之無漏法，及佛之自性真如如來藏。慧命指法身以智慧為生命。如色身必賴飲食長養，而法身必賴智慧以長養。若智慧之命夭傷，則法身之體亡失。錄自《佛光大辭典》，p6030。

[11] 指依自己之思慮分別而立之見解。與智慧有別，智慧乃般若之無分別智，為離思慮分別之心智。惟作佛知見、知見波羅蜜時，則知見與智慧同義。錄自《佛光大辭典》，p3461。

[12] 正念減壓療法（Mindfulness-Based Stress Reduction，簡稱 MBSR）；正念認知療法（Mindfulness-Based Cognitive Therapy，簡稱 MBCT）。

主；第三場則是以英國國內心理治療和正念團體帶領者為主。牛津正念中心設在醫學院精神科中，並將正念應用在心理和精神治療為主，MBCT 和 MBSR 就是最好的例子；其實想想也沒錯，一個人的妄想執著所引起的煩惱或心理障礙也是一種病，而且這種病在國內外各大醫院都是熱門科別之一；而英國多年來對於精神疾病在以藥物治療為主要方式無顯著提升效果後，改而學習東方古老的智慧，將禪修正念與醫療相互結合（如 MBCT 和 MBSR）並獲致良好效果，此外他們也體會到正念如能用在教育上，同樣也會有顯著效果；因此，在英國開始將正念教育推廣到學校，如 mindfulness in school 和 .b 的政策，甚至有人提議在公立中小學全面推廣靜坐課程的政策。禪修正念本是中國結合佛家、儒家和道家的東方古老的智慧，然我們卻忽略了自家珍寶，反而由西方學術界將其發揚光大，所以只好不遠千里，前往英國取經。

　　研究者個人在修行上還有許多需要加強和學習的地方，多年來在學習禪修正念和參加學界禪七的因緣，在高等教育界結識許多學習禪修正念很有收穫，而且將其心得運用在其教學、研究和輔導及服務上的學者，因此起念希望將這些在高等教育界工作者學習禪修正念並運用在教育場域上的寶貴心路歷程和經驗，透過深度訪談，分享給其他高等教育工作者，也希望將東西方禪修正念推廣應用到教育界。

　　研究者本身修行體悟尚淺，本研究純粹是將本身對禪修正念修行的興趣，透過共同研究參與者（受訪個案）的分享，與目前在西方學術界盛行的正念顯學（MBSR 和 MBCT 等）相互應證，希望在善開方便門之時亦能安住大乘心，瞭解佛法真正義理，期此一東方智慧之學，能在學術上發揚光大，並使佛法與教育和學術能夠相互結合，希望有更多人因學習禪修正念而受益。

　　綜上，是本書研究緣起和楔子，也是研究者個人學習禪修正念的心

路歷程和心得。有關研究相關背景與動機,於緣起中第一節具體再說明如後。本書第一章緣起中將分為四節討論分析:包括第一節,主要說明研究主題的相關背景與研究動機;第二節陳述研究目的與待回答問題;第三節分別闡明研究中主要幾個重要名詞的釋義;第四節為研究範圍與相關限制。

第一節　研究背景與動機

一、研究背景

近年來西方學者 Jon Kabat-Zinn,John Teasdale,Zindel Segal 與 Mark Williams 等人,將東方禪修正念與西方醫學和心理學等治療理論相互結合,發展出正念減壓療法(Mindfulness-Based Stress Reduction,簡稱 MBSR)與正念認知療法(Mindfulness-Based cognitive therapy,簡稱 MBCT)(石世明譯,2012;吳茵茵譯,2012;胡君梅與黃小萍譯,2013;雷叔雲譯,2008)。另西方科學家們亦與達賴喇嘛等禪修僧侶展開學術對話,透過科學實證研究,驗證禪修正念與身心健康的相關性(石世明譯,2012;胡君梅與黃小萍譯,2013);此外,國外著名大學如英國牛津大學(Oxford)和美國加州大學聖地牙哥分校(UCSD)以及麻州大學(UMass)等,已經對該議題作深入的實證研究和推廣,並將禪修正念運用在教育和教學上,推行「The Mindfulness in Schools」以及「Mindfulness in Education」等計畫(Mindfulnet, 2013; The Oxford Mindfulness Centre, 2013; UC San Diego, 2013)。

禪修正念在西方學術研究中,已有許多科學實證報告指出,對個人

身心靈健康和醫療上具有顯著功效（楊定一，2012，2014；Biegel, Brown, Shapiro, & Schubert, 2009; Germer, Siegel, & Fulton, 2005; Grinnell, Greene, Melanson, Blissmer & Lofgren, 2011; Hölzel, Carmody, Vangel, Congleton, Yerramsetti, Gard & Lazar, 2011a ；Hölzel, Lazar, Gard, Schuman-Olivier, Vago & Ott, 2011b; Mendelson, Greenberg, Dariotis, Gould, Rhoades, & Leaf, 2010; Murphy, 2006; Semple, 2010; Zylowska, Ackerman, Yang, Futrell, Horton, Hale, Pataki & Smalley, 2008）；同時應用於心理治療和教育上亦有許多正面的效益（Beauchemin, Hutchins, & Patterson, 2008; Black, Milam, & Sussman, 2009; Hennelly, 2010; Kathy, 2010; Weare, 2013）；多年來禪修正念在西方已和學術之間打開一扇融通之門。

　　相對於西方禪修正念發展情形，國內學術界目前也開始對禪修正念感到興趣，同時積極推廣到教育、教學和心理輔導等領域，近幾年相關學術研究報告有陸續增加趨勢；至於有關禪修正念對於從事高等教育工作者個人以及對其教學、研究和輔導及服務工作上影響的報告，目前數量尚不多。西方國家目前所盛行的正念減壓（MBSR）和正念認知（MBCT），其實係源於東方的佛教禪修（溫宗堃，2013c）；在此之前，其實國內多年來學習禪修者亦不在少數，只是未能如西方將其與醫學等學術領域結合；而今西風東進，目前國內再從國外引進「正念」，國內學習禪修正念者，正好趁此因緣認識東西方禪修正念相關性和異同點，以及如何截長補短自利利他。

　　此外，當前校園學生面對價值觀的混亂，對生命本質有許多錯誤認知，沉迷網路（邱俐穎，2013；章郁婕，2013）；吸毒、自殺事件頻傳（周鉦翔，2013；邱宜君，2012）；全國大專校院學生中將近有 25 萬人，幾乎五人中有一位有明顯憂鬱情緒（董氏基金會，2012）；根據家

扶基金會（2014）調查報告顯示，約三位大孩子中就有一位有情緒困擾問題，更有 14.2%嚴重到需要專業人士介入才可能復原；甚至於社會近期有學生在捷運車廂瘋狂殺人事件（黃旭昇，2014），以及人生勝利組情殺事件（胡欣男，2014）；而同時在校園擔任教學、研究和輔導及服務的教師本身也面臨教師評鑑、限期升等和教育行政工作等壓力，導致緊張焦慮失眠，輕者以安眠藥幫助入睡，重者導致憂鬱傾向；大學教授過勞死和自殺身亡的報導更是時有耳聞（葉芷妏，2011）；因此，禪修正念的學習或許可以對上述這些現象的改善會有所幫助。古之師者，傳道、授業、解惑也，現在的高等教育工作者，每天忙於教學和研究，又要兼任行政服務職務和導師輔導等工作，顧到教學和研究升等就不錯了，更遑論要服務和輔導，誠實是泥菩薩過江，自身難保；但有一些從事高等教育工作者卻是甘之如飴，悠遊於教學研究和服務輔導工作中，他們是如何做到，就讓我們來聽聽他們的心路歷程吧！

二、研究動機

從人生意義（meaning）和生命終極真實（ultimate reality / truth）課題的思索和追尋而言，高等教育工作者本身既是教育學生的引導者，同時也是需要自我再學習和成長者。國內關於禪修正念應用於教育場域的相關研究報告，目前尚處於起步階段，而禪修正念與高等教育工作者本身省思的相關研究報告，則尚付之闕如；因此，本書研究透過質性訪談研究法，選取個案並作深度訪談（in-depth interviewing），就從事高等教育工作者，並具有多年禪修和教學研究服務經驗的大學教師，瞭解其禪修正念學習的心路歷程，乃至於對其身心靈健康以及在教學、研究、輔導及服務工作的影響或助益。所謂師者乃傳道、授業、解惑者，

教師們除了專業知識的傳授外，對於人生的意義乃至於生命的意義也是學子重要的請益對象；研究中另想瞭解大學校園擔任教育工作者，透過其禪修正念學習的經驗和心路歷程，或透過對生命的體悟，以及對自我調適和生命意義的肯認，是否可以給予學子們適時的引導和協助，這也是本書研究的動機之一。

　　研究者本身也是禪修正念學習者，同時從事教育行政和教學工作，多年來在參與禪修學習過程中，結識許多禪修學習者同時也是高等教育工作者；在決定論文題目方向後，與指導教授討論先就共同研究參與者當中，選取其中一位（慈悲教授，代號 F）進行前導性研究，初步發現其學習禪修正念後，對其身心靈健康，以及對其教學、研究、輔導和服務工作亦有所影響，於是根據前導性研究初步訪談結果，據以修正其他研究參與者的訪談大綱。Sinek 在 *Start with Why: How Great Leaders Inspire Everyone to Take Action* 一書中談到，做任何事或從事任何行業，不只是問 what 和 how，更重的是要問 why？若人人都能找到自己的 why，將會更樂於自己的工作（姜雪影譯，2012）；教育工作也是一樣，研究者就是想透過本研究深入瞭解其中答案；禪修正念學習的重要目的之一，其實就是喚醒高等教育工作者的個人初衷，而教育的目的其實也是要認識自己，從而利人利己，最後讓自己能夠超凡入聖乃至找到生命的真實（reality）。

　　目前學術界對於高等教育相關議題的質性研究有許多，諸如高等教育品質保證、教師學習社群、教師評鑑制度和靈性領導等，但對於從事高等教育工作者個人經驗為基礎所做的研究較少（例如：吳宜親（2007），敘說一位研究型大學教師之自我座落；紀岳錡（2012），從教師觀點探討反思教育帶領歷程之研究）。本研究經文獻回顧分析後發現，一般研究大部分係針對短期參與禪修活動者作比較（例如：吳適

達，2009；胡君梅，2012a；盧映仔，2013），亦有部分對較長期從事禪修學習者所進行的質性訪談研究（例如：徐潔華，2010；郭又銘，2012；張愷晏，2011），惟目前尚無對於高等教育工作者同時也是禪修正念學習者，特別是長年持續從事禪修正念學習者，對其工作和生活脈絡所作的探索和分析。本研究透過高等教育工作者禪修正念學習經驗的生命歷程的分享，同時探討其應用於教育情境中個人的心路歷程和回饋，這是在學術上可能的價值和貢獻。

第二節　研究目的與問題

　　根據前述研究背景與動機，研究者想瞭解學習禪修正念的高等教育工作者，如何認識真實的自己以及生命的意義，進而從事利人利己的教育工作，最後讓自己能夠超凡入聖乃至找到生命的真實意義和解脫。

　　具體而言，本研究的主要目的如次：

一、瞭解從事高等教育工作者學習禪修正念的心路歷程。

二、探討禪修正念對高等教育工作者個人身心靈健康的影響歷程。

三、研究個人禪修正念對於從事教學、研究、輔導及服務工作的影響。

　　根據前述研究動機和研究目的，研訂本研究的主要待答問題如次：

一、從事高等教育工作者學習禪修正念的心路歷程為何？

二、禪修正念對高等教育工作者個人身心靈健康的影響歷程為何？

三、個人禪修正念對於從事教學、研究、輔導及服務工作的影響為何？

第三節　重要名詞釋義

　　禪修正念在國內學術界尚為新興議題，茲將本研究主題——禪修正念對從事高等教育工作者之影響，所涉及重要名詞初步界定陳述如下：

一、禪修

　　本研究所稱「禪修」（meditation），意指為逐漸達到正念乃至究竟正念的境界，所透過學習的方法和歷程；亦即一個人為培養清明心境，時時觀照自己的心念，運用如「數息觀」等止觀法門或專注方法，所學習和經歷的過程，它可以是在靜中去練習養成，亦可在動中去體會和磨練。禪修的方法，從靜中包括禪坐或冥想，動中如行禪（學習專注走路）、食禪（學習專注吃飯）等開始，時時覺觀、覺察我們的念頭，逐步練習最後達到定心、淨心和明心的正念境界。

二、正念

　　本研究所稱「正念」（right mindfulness），意指心的清淨境界，當下不起妄念分別，心中沒有煩惱執著，念念分明，而且能夠時時做主；其方法是透過禪修的方式，在生活或工作中持續練習，包括四念處、八正道等三十七助道品中等等方法，於事上練習只起善念不起惡念，到最後念念都是善念；在理上則是達到修一切善，不執一切善，如此由有念最後歸於無念的究竟正念涅槃解脫境界。然而目前國內引進國外所稱「mindfulness」比較屬於「覺照」意涵，與佛法所稱「正念」乃至「究竟正念」有層次的差別。

三、禪修正念

本研究所稱「禪修正念」，意指一個人透過禪修的方法和歷程，逐漸達到正念的境界；因此，禪修的最終目的是為了正念，乃至究竟正念的境界；國外所稱 mindfulness meditation，意指以覺照（正念）為基礎（mindfulness-based）的禪修，是從禪修的基礎和出發點而言，如其最終目的也是希望達到究竟正念涅槃解脫的境界，則前者所稱「禪修正念」與國外所稱 mindfulness meditation，有相互融通之處。

四、高等教育工作者

本研究所稱「高等教育工作者」（higher educators），係指目前在國內公私立大學擔任教師或教育行政職務，並持續從事教學、研究、服務或輔導工作者而言；另配合研究目的需要，共同研究參與者（受訪者）同時尚須具有多年禪修和參與禪七活動經驗，以及曾經擔任大學教育行政職務，或學生、教職員或其他禪修相關社團指導老師或負責人經歷者。

第四節　研究範圍與限制

禪修正念議題有許多可以研究的面向和不同方法論上的取向，本節先就研究範圍，包括研究對象和研究方法，以及研究上的限制，加以說明。

一、研究範圍

（一）就研究參與者而言

本研究為深入探討禪修正念對從事高等教育工作者影響，研究參與者係透過立意取樣（深度取樣）以滾雪球方式（snowballing）選取所需個案與談者，初期共有 12 位人選，經與指導教授深入討論後，最後選取六位作為研究參與者。六位研究參與者共同經歷包括：

1．在高等教育工作經歷部分

（1）曾經擔任大學專任教師職務十年以上，目前仍持續從事教學、研究和輔導及服務工作者。

（2）曾經擔任大學教育行政主管或社團負責人職務三年以上經驗者。

（3）曾經擔任大學導師或有實際輔導學生經驗者。

2．在禪修正念的學習經驗部分

（1）曾經於禪修團體持續十年以上禪修經驗者。

（2）曾經參加過二次以上正式禪七等禪修靜坐活動經驗者。

（3）曾經擔任大學學生或教職員禪修社團顧問或指導經驗者。

（二）就研究方法而言

本研究以質性研究中的訪談研究法，透過深度訪談取得個案分享文本資料，並作分析與詮釋。Seidman 指出，訪談主要目的即是透過與談者的故事，理解個案的親身經驗，並將其過程內容編寫為人物敘事寫真（narrative profile），使其可以轉化為有意義和價值的知識；至於主題連結（thematic connection）則是依照各項主題，將訪談資料加以分類和組織，然後選擇最足以闡明個別主題的文本段落，最後就該文本段落提出研究者的見解或評論（李政賢譯，2009）。本研究亦聚焦於此研究

範圍，透過個案分享經驗，讓教育界和學術界對禪修正念相關研究有興趣者，能夠對此生命議題有進一步認識和理解，從而建構禪修正念在學術上的理論基礎參考。

二、研究限制

人生意義和生命終極真實的探討，是個人一生中重要的生命課題；禪修正念的學習是思索和追尋人生意義和生命終極真實的途徑之一，同時也是人生長期的生命功課，然而它不只是禪修正念方法和知識的瞭解而已，更重要的是個人在生活、工作和生命當中的實踐。本研究個案對象，係以立意取樣方法所選取六位高等教育工作者，同時也是禪修正念實踐者之生命經驗分享，惟本研究只限於高等教育工作場域之禪修正念學習者，將禪修正念運用於教學、研究、輔導及服務工作之經驗分享，許多主題和內容尚未就個案另作更深入探究，尚待後續研究者作進一步探討；另本研究相關結果對目前已參與禪修正念學習的高等教育工作者，或對禪修正念學習有意願和興趣者，較能受益和心領神會，所謂佛度有緣人，但對於尚未接觸或對禪修正念學習無興趣者，尚待來日的因緣。

第二章　實證文獻探討

> 「眾裏尋他千百度，驀然回首，那人卻在，燈火闌珊處。」
>
> ---宋‧辛棄疾---

　　國內有關研究禪修論文大部分是以宗教團體或禪修法門為對象（例如：劉美玉，2013；釋性禪，2014），較少有個人長期禪修者的學術研究報告（例如：黃惠琪，2007），本研究在文獻理論部分，除了佛法基本教義以外，在初期也面臨相關學術實證研究文獻不足問題，在偶然機緣中系上教授送了一本楊定一博士撰寫的《真原醫》以及嗣後出版的《靜坐的科學、醫學與心靈之旅》，從中發現其實英國和美國醫學界和學術界，對於禪修正念此議題已有相當多的實證研究報告，這也開啟了本研究相關參考文獻蒐集的指引方向。

　　本研究旨在探討禪修正念學習，對於從事高等教育工作者在身心靈健康以及對其教學、研究及輔導服務工作上的影響，因此本章文獻探討將分三節，針對研究主題相關的國內外文獻進行回顧和探討。第一節首先介紹禪修正念的概念和目前國內外發展趨勢分析；第二節為說明禪修正念與身心靈健康相關的研究報告；第三節為陳述目前禪修正念應用於教育的國內外相關研究結果。

第一節　佛法的基本教義與禪修正念的概念和發展趨勢

　　本節主要係將禪修正念根源的佛法的基本教義內容，包括四聖諦、四念住、六波羅蜜、八正道、十二因緣等先予以說明；其次分別闡述東方佛法禪修發展的歷史、西方禪修正念淵源、禪修正念的概念，以及禪修正念在國內外學術發展趨勢。茲說明和分析如下：

一、佛法的基本教義

　　不論東方或是西方的禪修，強調的正念或覺察，其原始理念和根據均係源於佛法教義（胡君梅與黃小萍譯，2013；溫宗堃，2013b，2013c）；本研究主要係探討學習東方禪修正念對從事高等教育工作者的影響，爰先就佛法的基本教義加以研析說明。

　　佛教者乃佛陀[1]之教化，也是佛法之教育。佛陀為教化眾生，宣說八萬四千種法門，乃為度化八萬四千種不同根器眾生，也是為對治眾生種種不同煩惱和妄想執著。然而佛法浩瀚，有經律論三藏十二部，本研究乃就共同研究參與者所薰修之佛法基本理念先加以闡述，包括四聖諦、四念住、六波羅蜜、八正道和十二因緣等，該理念也是佛法的基本教義，和了生脫死趨向菩提涅槃的重要知見（佛光大辭典，1997；法燈叢書，2014b；溫宗堃，2011；釋星雲，2001a；釋聖嚴，2011；釋懺雲，1996）。

---

[1] 梵名 Buddha，巴利名同。又作佛馱、浮陀、浮圖。意為覺者、知者。佛陀本指釋迦牟尼，後演為覺悟真理者之總稱。錄自《佛光大辭典》，p2638。

（一）四聖諦

　　「四聖諦」又稱「四諦」、「四諦法」、「四真諦」，指苦、集、滅、道四種正確不變的真理；此四種真理為聖者之知見，故稱四聖諦（《法燈叢書》，2014a；《佛光大辭典》，1997；釋星雲，2014）。四聖諦主要是闡釋眾生迷、悟和苦、樂的因果道理。如《中論疏》所說：「四諦是迷悟之本，迷之則六道紛然，悟之則有三乘賢聖」（Chinese Buddhist Electronic Text Association 簡稱 CBETA，2009）。

　　四聖諦中有關苦諦和集諦是說明世間的因果關係，眾生因迷惑而造業，最後感得苦果。集諦闡述的真理就是眾生迷的因，也是導致苦果的原因；而苦諦則是眾生所感得的苦果。「苦諦」是指一切眾生輪迴六道時，身心上所遭受的種種痛苦，包括「八苦」和「三苦」等；八苦指生苦、老苦、病苦、死苦、求不得苦、愛別離苦、怨憎會苦、五陰熾盛苦；而三苦則是指苦苦、壞苦、行苦。（《法燈叢書》，2014a；《佛光大辭典》，1997）。

　　傅偉勳（2012）指出，四聖諦中「苦諦」可說是佛教的終極關懷（ultimate concern）；因此佛教講苦的目的，主要是要讓我們知道苦的實相，更重要的是進一步去尋找造成苦的原因以及滅除苦的方法；因此，了解苦的存在，只不過是一個過程而不是結果，我們如何離苦得樂，最後從苦當中獲得解脫，才是佛教講苦的最終目的（釋星雲，2014）。

　　「集諦」中「集」有「招聚」、「招集」、「集聚」之義。眾生因過去迷惑而造作種種善業和惡業，集合過去的善、惡業感得今生的善、惡報和苦果。眾生的迷惑，以「五利使」和「五鈍使」為例，其中「五利使」指不明白宇宙人生的真理，因錯誤知見所產生的煩惱。此五種錯誤的見解包括：身見、邊見、邪見、見取見、戒禁取見。而「五鈍使」

則包括：貪、瞋、癡、慢、疑等五種煩惱；這些都是招集苦果的因（《法燈叢書》，2014a；《佛光大辭典》，1997；釋星雲，2014）。

　　傅偉勳（2012）另指出，四聖諦中「滅諦」可說是佛教的終極真實（ultimate reality / truth）；四聖諦中有關「滅諦」和「道諦」則是說明出世間的因果關係，「滅諦」中「滅」指寂滅，亦指一切修行之人，經修道後，所證得的寂滅境界；此一境界為永恒淨樂，亦稱為「涅槃」；而「涅槃」則是指修道者在知「苦」斷「集」後，由修「道」而證得的解脫境界；因此，滅諦即是透過修道滅盡苦、集之真諦（《法燈叢書》，2014a；《佛光大辭典》，1997；釋星雲，2014）。

　　「道諦」又稱趣苦滅道聖諦、苦出要諦等。「道諦」中「道」指通行、能通之義（《佛光大辭典》，1997）。《俱舍論》中云：「道義云何？謂涅槃路，乘此能往涅槃城故」（CBETA，2009）。傅偉勳（2012）指出，四聖諦中「道諦」是佛陀體悟苦行無益後，親自實踐不苦不樂的中道，細說則為戒定慧三無漏學以及八正道；「道」廣而言之則為三十七助道品，若能依此而修行，則可超脫苦、集二諦，達到寂靜涅槃之境。吾人修行學佛的目的，就是為了達到滅諦涅槃，但要證得涅槃聖果，則要精進修道；因此修道是因，涅槃是果，吾人若依此正道修行，必能證得涅槃妙果（《佛光大辭典》，1997；《法燈叢書》，2014a；釋星雲，2014）。

　　上述四聖諦中有關因果的道理，茲以列表說明如表 2-1。

表 2-1　四聖諦二重因果

四聖諦	苦諦	迷的果	苦果	世間
	集諦	迷的因	苦因	因果
	滅諦	悟的果	樂果	出世間
	道諦	悟的因	樂因	因果

資料來源：初級禪修班教本，《法燈叢書》，2014a，p.64，南投：文心文化。

（二）四念住

「四念住」指念住於四種所緣或四種基礎，包括身、受、心和法的修行方法（阿姜念、孫倫・訓戒法師，2002）。《佛光大辭典》（1997）指出，四念住為三十七助道品中之一，指集中心念於一點，防止雜念妄想生起，以得真理之四種方法。又作四念處、四意止、四止念、身受心法等；四念住「身、受、心、法」當中分別為：

1. 身念住。即觀身之自相為不淨，同時觀身之非常、苦、空、非我等共相，以對治淨顛倒。
2. 受念住。即觀於欣求樂受中反生苦之原由，並觀苦、空等共相，以對治樂顛倒。
3. 心念住。即觀能求心之生滅無常，並觀其共相，以對治常顛倒。
4. 法念住。即觀一切法皆依因緣而生，無有自性，並觀其共相，以對治我顛倒。

《念住經》中提到，修行的目標是息滅痛苦和達到涅槃，而其方法就是四念住（溫宗堃，2014）。釋星雲（2014）也指出，一個人修行可以四念住做為安住身心之處。另溫宗堃（2011）則指出，向智尊者稱「四念住」為「佛教禪修心要」，「四念住」被賦予極崇高的地位，而且被認為是通往「涅槃」的「直接之道」。此外，四念住的教法，可以衍生出種種其它禪修的技巧與方法，同時也可以開展出三十七道品中其餘四正勤、四如意足、五根、五力、七覺支、八正道的教法。

（三）六波羅蜜

「六波羅蜜」其中「波羅蜜」為梵語，譯作「度」，意思為「到彼岸」；而「度」亦可謂度迷到悟，度邪到正，度苦到樂，度此到彼；因此「六波羅蜜」又譯為六度、六到彼岸，為大乘佛教中菩薩欲成佛道所

實踐之六種德目。包括（一）布施[2]波羅蜜、（二）持戒[3]波羅蜜、（三）忍辱[4]波羅蜜、（四）精進[5]波羅蜜、（五）禪定[6]波羅蜜、（六）般若[7]波羅蜜。菩薩修行乘六波羅蜜法船，能夠運載眾生及自身，從生死河的此岸，到達涅槃的彼岸，令心達到最自在、安樂寂滅境界（《佛光大辭典》；《法燈叢書》，2014a；釋星雲，2014）。

佛門的修行方法很多，而「六波羅蜜」是大乘菩薩道至高無上的修行法門。布施可以改變慳貪的性格；持戒可以改變惡性的行為；忍辱可以改變瞋恨的惡習；精進可以改變懈怠的因循；禪定可以改變散亂的思想；般若可以改變愚癡的認知。因此，廣行「六波羅蜜」，可以自覺覺人、自利利他，福慧圓滿，成就佛道（釋星雲，2001b）。

吾人學習禪修正念的最終極目標，除了生脫死不再輪迴三界以外，如欲明心見性見性成佛，除需了悟前揭「四聖諦」的義理，尚須發更廣大心願學習菩薩實踐此六波羅蜜法門，方能達到究竟正念和菩提涅槃。

（四）八正道

「八正道」是指八種求趣涅槃之正道，又作八聖道、八道船。「八正道」是佛陀成道之初，為眾生開示八種轉凡成聖，通向涅槃解脫的正確修行方法或途徑。三十七道品中的「八正道」不僅是出世解脫道的實

---

[2] 亦即指施與他人以財物、體力、智慧等，為他人造福成智而求得累積功德，以致解脫之一種修行方法。 錄自《佛光大辭典》，p1901。

[3] 持戒即護持戒法之意，與「破戒」相對稱。即受持佛所制之戒而不觸犯。錄自《佛光大辭典》，p3816

[4] 意譯安忍、忍。忍耐之意。六波羅蜜之一，十波羅蜜之一。即令心安穩，堪忍外在之侮辱、惱害等，亦即凡加諸身心之苦惱、苦痛，皆堪忍之。 錄自《佛光大辭典》，p2892。

[5] 即身精進與心精進。精進者，謂心練於法而不懈息。 錄自《佛光大辭典》，p237。

[6] 禪與定皆為令心專注於某一對象，而達於不散亂之狀態。 錄自《佛光大辭典》，p6463。

[7] 意譯為慧、智慧、明、黠慧。即修習八正道、諸波羅蜜等，而顯現之真實智慧。明見一切事物及道理之高深智慧，即稱般若。 錄自《佛光大辭典》，p4301。

踐法門，也是學佛最平實而生活化的實踐法門，是每個人都應該遵守的道德標準（釋星雲，2014）。八正道是四聖諦（苦集滅道）中的道聖諦，可以斷集滅苦。因此吾人若要出離十二因緣與三世因果的範圍，必須要修習八正道（釋聖嚴，2010）。

「八正道」包括正見、正思惟、正語、正業、正命、正精進、正念、正定。依據此八正道修習，不但可以淨化心靈，遠離偏邪不正，轉邪念成正念，轉凡愚成聖智，進而更可以達到寂滅、涅槃的最高境界（《佛光大辭典》，1997；《法燈叢書》，2014a）。因此「八正道」也可說是一個禪修正念學習者，欲修行成道的生活方式、人生觀和人生指引地圖。

（五）十二因緣

「十二因緣」指十二種因緣生起之意，是構成有情生存之十二條件，亦即緣起之法，說明宇宙萬事萬物萬法皆具有其相依性，皆由因、緣所成立（《佛光大辭典》，1997）。「十二因緣」，又名「十二有支」，「有」即三有（三界），「支」即支分，世間有情眾生於三有中生死流轉的因果，皆不出此十二支分，故名十二有支（《法燈叢書》，2014a）。

十二因緣與四聖諦名相雖不同但其義理是相同的。十二因緣也是闡述世間和出世間因果的道理，如表 2-2 所示。其中過去的無明、行，現在的愛、取、有，屬於四聖諦中集諦；現在的識、名色、六入、觸、受，未來的生、老死，屬於苦諦；以能觀的智慧心破除生死無明，屬於道諦；因修道而漏盡無明，最後證得涅槃寂靜，則屬於滅諦（《法燈叢書》，2014b）。茲將十二因緣與三世因果及的關係說明如表 2-2。

綜上，四聖諦、四念住、六波羅蜜、八正道、十二因緣等，是佛法基本教義和根本基礎，主要闡述因緣果報、緣起性空及心性之理，是佛

法的正知正見、佛法的智慧，也是宇宙人生的真理。吾人禪修學佛最終的目標，即是個人透過佛法的修學和體證，達到解脫生死輪迴的「苦」，最後獲得涅槃寂滅的「樂」，這也是人生最究竟圓滿的境界（釋星雲，2014）。

表 2-2　十二因緣與三世因果關係

十二因緣與三世因果	過去世	二因	無明	惑
			行	業
	現在世	五果	識	苦
			名色	
			六入	
			觸	
			受	
		三因	愛	惑
			取	
			有	業
	未來世	二果	生	苦
			老死	

資料來源：中級禪修班教本，《法燈叢書》，2014b，p. 45，南投：文心文化。

二、東方佛法禪修發展的歷史

　　佛教發源於印度，佛教始祖釋迦牟尼佛於菩提樹下證悟宇宙人生的真理後，宣說佛法四十九年，開示種種方便法門，後來流傳到東方開演為禪宗、淨土宗、密宗、和律宗等各種宗派。其中佛法禪宗當中有一著名「世尊拈花，迦葉微笑」公案。話說昔日佛陀靈山會上說法，舉一優波蘿花示眾，眾人皆不解其意，惟有大迦葉尊者破顏微笑，世尊於是

說：「吾有正法眼藏，涅槃妙心，實相無相，微妙法門，不立文字，教外別傳，付囑摩訶迦葉」（《法燈叢書》，2014c），迦葉尊者於是成為禪宗傳法之始祖，代代相傳至第二十八祖為菩提達摩尊者，亦即我們熟知的達摩祖師。達摩尊者後來到中國弘法是為東土初祖，其後祖祖相傳至六祖惠能大師，在此之前因為傳法又傳衣缽，並且傳法只傳出家僧眾，歷史上稱為「靈山單傳期」；及至六祖惠能大師後，不再傳衣缽，佛法不但傳出家眾亦傳在家居士，史稱「曹溪普傳期」，後來亦開演為「五家七派[8]」（《法燈叢書》，2014c）。其後，禪法又陸續從中國以及海路等流傳到日本、韓國、越南，乃至近代普遍傳至歐美等世界各地。但是五家七派（宗）傳至明清以後，則僅剩存臨濟與曹洞兩宗的傳承，其餘各宗皆已不傳；其中臨濟宗以自由之禪風著稱，至清代皆為我國禪宗之主流（佛光山，2014）。

佛法流傳大概可以分為二個主要路線，包括北傳佛教，即從北印度經中亞傳入中國、韓國、日本之佛教，及由尼泊爾、西藏傳入蒙古一帶之佛教，以大乘佛教為主；另一路線為流傳於東南亞一帶，包括錫蘭（斯里蘭卡）、緬甸、泰國、高棉、寮國等，即是南傳佛教或稱南傳上座部，以小乘佛教為主（《佛光大辭典》，1997）。

佛法流傳到東土與中國的儒家道家等相互融合，形成中國特色的大乘佛法和禪宗，其後因緣際會下，佛法禪宗輾轉流傳到臺灣並發揚光大。目前臺灣四大佛教團體中，其中中臺山和佛光山為禪宗傳承臨濟宗法脈（《法燈叢書》，2014c；佛光山，2014）；而法鼓山則是繼承了臨濟、曹洞兩大宗的法脈和禪法（法鼓山，2014）。上述中臺山、佛光山和法鼓山各地分院道場，多年來也都開設禪修課程並定期舉辦禪七等

---

[8] 指臨濟宗、曹洞宗、雲門宗、法眼宗、溈仰宗等五宗，再加上臨濟門下分出的黃龍、楊岐兩派，合稱五家七派。錄自《法燈叢書》(2014c)，p94。

活動。截至目前為止，國內學習禪修正念仍以佛教團體所開設的禪修班為主；惟近年來由西方（包括歐洲和美國）所盛行推廣的正念，將傳統禪修正念部分予以去宗教化和世俗化（溫宗堃，2013c），透過醫學界和學術界的實證研究和推廣，引進國內後目前除醫學界、心理輔導諮商界，同時也開始推廣運用到其他場域，包括各級學校和教育團體等（例如：南華大學，2014），讓東西方禪法有相遇的機會。

三、西方禪修正念的淵源

西方禪修正念的推廣主要是美國麻省大學 Kabat-Zinn 教授等學者，將東方禪修以及內觀法門，結合西方醫學及科學實證研究，自 1979 年起開始在麻州大學醫學院附設醫院開設正念減壓療法（MBSR）課程，並逐漸推廣至主流醫學、保健、社會和學校各機構（李燕蕙，2014；吳茵茵譯，2012；陳德中與溫宗堃譯，2013；雷叔雲譯，2014）。

當 MBSR 在西方身心醫療領域逐漸推廣並被接受之後，西方主流心理學者也開始好奇與探索；1992 年，三位以治療憂鬱症著名的認知行為治療師包括英國的 Teasdale，Williams 與加拿大的 Segal 教授，為了研究憂鬱症復發的問題，開始跟著 Kabat-Zinn 學習並結合正念減壓療法（MBSR），前後經歷十年發展，他們在認知心理學的基礎上另「培育」出「正念認知療法，MBCT」（李燕蕙，2014；吳茵茵譯，2012）。

目前西方主流醫學上已經廣泛將 MBSR 和 MBCT，運用在壓力、憂鬱、焦慮、疼痛和成癮等療癒（胡君梅與黃小萍譯，2013；韓沁林譯，2014）。Kabat-Zinn 指出，禪修最重要的根本和目的是「正念」，具有「正念」的人，即是指從自性和實相（reality）中覺醒的人；而「正念」亦被稱為是佛教禪修的心要（丁凡、江孟蓉、李佳陵、黃淑錦與楊

琇玲譯，2014；雷叔雲譯，2008；陳德中與溫宗堃譯，2013）；「正念」是一種練習，也是一個存在的方式（吳茵茵譯，2012）。

Kabat-Zinn 曾表明其曾經學習和受過上座部（南傳原始佛教）和禪宗（北傳佛教）的訓練，並試著把某些禪修技巧納入其減輕壓力計畫，同時去宗教化和世俗化，並將許多佛教名相以西方語言闡述，以打入主流的西方醫學架構（溫宗堃，2013c）。可見西方禪修正念與東方禪修正念有其淵源和密切關係。

部分學者對於西方正念推廣發展，乃至傳入東方後，亦有提出不同看法，例如：陳玉璽（2013）認為佛教中正念禪修的根本目的，是解脫一個人貪瞋癡煩惱以及其所導致的「苦」，使生命保有安祥、喜悅、慈悲、愛心、寬恕等清淨內心，而治療疾病或消除病痛，只是禪修正念過程所產生的附帶結果罷了；但是現代人崇尚功利和物質主義，正念用於醫療或許比較迎合這些人。另葛汀（Rupert Gethin）曾提到：從某種佛教觀點來看，把正念從它原本所處的佛教禪修實踐脈絡中抽離出來，這樣的作法可能被視為一種對傳統佛教的挪用和扭曲，忽略了佛教根除貪瞋癡的目標（溫宗堃，2013c）。

溫宗堃（2013c）認為，外界對於西方正念的批評，主要是因為尚未充分了解正念介入課程中的佛法元素與促進健康的作用機轉；其中正念減壓（MBSR）是西方最早且影響最深遠的一套正念介入課程，吾人若能釐清正念減壓課程中的佛法元素，以及其所產生的轉化身心的作用機轉，或許能有助於理解其他正念介入課程的作用機轉。

MBSR 中正念可以用來減壓，但卻不限於減壓，它還有更大的心智目標，即解脫煩惱和證悟實相；此外正念也是佛陀修行方法（三十七道品）其中之一，正念修行須與正語、正業、正命以及正知見等其他修行方法和架構結合，才能顯現真正的修行效力（雷淑雲譯，2014）。

綜上，不論東西方禪修正念的概念，均係指一個人透過禪修的方法和歷程，逐漸達到正念的境界。禪修的方法有許多種，以東方禪修正念而言，較為正式和專業的作法是參加禪修團體的禪修課程以及禪七靜坐活動。以禪七活動為例，當中即融合了靜中的禪坐，和動中的行禪（行香）以及食禪（過堂）等等（如附錄一禪七行程範例），同時運用「數息觀」等特殊專注方法，讓參與活動的人在八天七夜當中覺觀、覺察自己的起心動念，逐步練習達到定心、淨心、悟心乃至於明心的正念境界，最後再將禪修正念體悟的心得，運用到日常生活和工作當中。

西方的禪修正念練習，以 MBCT 和 MBSR 為例，一般而言均設計有八週之標準課程，每週上課約兩個半小時，每次上課教師都會帶領當週主要練習並指派該週作業，學員則需每天依據課程內容持續練習，並作記錄和自我探索，下次課程時，在團體當中分享與探討（李燕蕙，2014）。MBSR/ MBCT 八周之課程內容說明如表 2-3；表 2-4。

表 2-3　MBSR 八週課程概略內容

正式練習	非正式練習
1. 食禪：葡萄乾	1. 正念進食（食禪）
2. 正念覺察當下	2. 生活禪
3. 專注呼吸	3. 八個正念心態過生活
4. 身體掃描	4. Stop
5. 靜坐	5. 正念疼痛管理
6. 正念瑜伽（躺式）	6. 正念面對慣性
7. 正念瑜伽（立式）	7. RAIN
8. 正念探索壓力與焦慮	8. 正念傾聽
9. 慈心禪	9. 行禪 與 動中禪
	10. 正念運動
	11. 休息的禮物
	12. 正念人際關係

資料來源：李燕蕙（2014）。〈正念療法的發展：從 MBSR 到 MBCT〉。《慧炬雜誌》，590，p.16

表 2-4　MBCT 八週課程概略內容

週別：主題	主要練習內容
第一週：認識自動導航系統。 （從自動導航模式中醒來）	葡萄乾禪、正念覺照日常活動、觀身體與呼吸、破除舊習活動
第二週：維持對身體的覺照。 （用大腦過生活）	身體掃描、正念分明練習、破除舊習活動
第三週：迷宮裡的老鼠。 （收拾散亂的心）	正念伸展、三分鐘呼吸空間、破除舊習活動
第四週：心是造謠的能手。 （認出厭惡感）	觀身體與呼吸、觀聲音與念頭、三分鐘呼吸空間
第五週：面對困境，如何放下。 （容許/如其所是）	觀身體與呼吸、觀聲音與念頭、艱辛禪、三分鐘呼吸空間、破除舊習活動
第六週：耽溺過去還是活在當下。 （想法不等於事實）	慈心禪、三分鐘呼吸空間、破除舊習活動
第七週：你多久沒跳舞了。 （如何最好的自我照顧）	自行選擇二種禪活動練習、三分鐘呼吸空間
第八週：活出不羈而且珍貴的人生。 （維持與擴展新學習）	正念生活與練習

資料來源：1. 吳茵茵（譯）（2012）。《正念：八週靜心計畫，找回心的喜悅》。臺北：天下文化。

2. 石世明（譯）（2018）。Segal, Z.V., Williams, J.M.G., & Teasdale, J.D.著。《找回內心的寧靜：憂鬱症的正念認知療癒》（第二版）。臺北。心靈工坊。

四、禪修正念的概念

本研究為利文本分析和說明，茲將與禪修正念涉及相關名詞，包

括：禪修、正念、靜坐、數息觀和禪七的內容，分別陳述如次：

（一）禪修

「禪修」亦有人稱為坐禪、冥想或靜心。Austin 在《打坐與腦》中指出，所謂「坐禪」是指靜坐冥想（meditation）而言（朱迺欣譯，2010）。牛津辭典將 meditation 解釋為：「沉思、冥想」（M. Waite, 2012）。而張氏心理學辭典則將 meditation 解釋為：「靜坐，冥想，意指在身心完全放鬆的情形之下，個人將注意力從周圍紛擾的環境中收斂回來，在目無所視、心無所思、體無所感的意識狀態之下，使意識活動臻於忘我於無我的境界」（張春興，2007）。蔡耀明（2011）提及禪修（meditative practices），意指使成為實存（causing to be; calling into existence）或培養（cultivating），禪修也可以說是心態之修煉，從而培養心態之優良的品質與高超的能力。

「禪修」在梵文當中稱為「bhavana」，它的意思即為「培養」，也就是去培養我們的內心（heart）或是心靈（mind），正如我們在培養慈悲時，也就是在培養我們的心，而這就是我們存有（being）的一部分（石世明譯，2012）。有關禪修的意義，《法燈叢書》（2014a, p.13）指出：

> 「禪修的意義，即是藉由止觀法門，助益行者超凡入聖，轉識成智，化迷為悟，達到定心、淨心、悟心、明心的境界。」

釋聖嚴（2011）指出，「禪」意味透過不同層次的禪修經驗所達到的一種境界，所以禪修可以說是一種方法和過程，而禪則是禪修所得到的結果。此外，另指出禪的修行主要就是透過調身、調心和調息，目的是調理身心，而主要方法之一就是把心念專注在呼吸上。

　　至於禪修是不是一定要在固定的場所或方式呢？一行禪師認為，其實禪修和修行是在每個人的日常生活當中，洗碗、喝茶、走路處處都是（何定照譯，2004）。而永嘉玄覺大師在《證道歌》中有一段話所謂：「行亦禪，坐亦禪，語默動靜體安然」，亦說明禪修到處皆是，端視個人如何用功而已。

　　Kabat-Zinn 指出，禪修是一種過程，可以幫助我們深化專注和正知，而且已在生活當中廣泛應用；禪修並非另外用更多的思考來改變你原來的思考，而只是觀照自己的念頭本身，從觀照自己的心念當中，就可以學到非常深刻的解脫智慧（雷叔雲譯，2008）。Williams 則認為，禪修可以讓我們的心智更清明，而且能夠以更開放和清靜的覺察力來看待事物（吳茵茵譯，2012 ）。

　　蔡麗芬（2006）在一個禪修者的自我敘說研究中闡述，禪修成為其生命歷程中覺醒道途的一個敲門磚，研究者自我發現禪修在其生命歷程中的意義是一個介入和改變，對自我有更深化的認識，同時對生命有更深刻的理解。因為禪修而影響其日常生活，發展出對治心念與轉化煩惱的意義。

　　徐潔華（2010）在對六位長期禪修者（四年至十二年）的轉化學習歷程研究中發現，禪修者所養成的反思能力與內省習慣，加上其佛法思惟，對其生活態度和生命意義有全面性影響，並有可能開展其靈性成長。

　　綜上，可知「禪修」即是指一個人為想培養清明心境，時時觀照自己的心念，採取運用如數息觀等專注方法，所學習和經歷的過程，它可以是在靜中去練習養成，亦可在動中去體會和磨練，最後體悟和達到定心、淨心和明心的境界。

（二）正念

　　「正念」一詞可分兩部分探討，首先就佛法名相而言，「正念」為「八正道[9]」之一；而「八正道」則為佛法「三十七助道品[10]」之一。依《佛光大辭典》（1997）所注釋，正念可分為二種，包括：（一）世俗有漏正念，即與有漏作意相應之善念。（二）出世間無漏正念，即依無漏之正見能思惟諦境，而與無漏作意相應的明記不忘之念。另法燈叢書（2014a，p.72）則指出正念為：

> 「心不散亂意不顛倒，即為正念。正念有事有理；於事上，只起善念不起惡念，……念一切善法，是正念；於理上，修一切善，不執一切善，由有念歸於無念，無念即是究竟正念。」

　　其次「正念」係為國內學術界將國外推行的 MBSR、MBCT 等中的「mindfulness」一詞的中文翻譯（何定照譯，2004；吳茵茵譯，2012；陳德中與溫宗堃譯，2013；雷叔雲譯，2008）；惟國外學術界所稱「mindfulness」，國內尚有其他不同的翻譯例如：「內觀」、「覺照」、「覺知」、「靜觀」、「專注」、「如實的覺察」等等（胡君梅，2012b；陳德中與溫宗堃譯，2013；劉乃誌等人譯，2010）。

　　溫宗堃（2013c）指出，西方正念的術語、概念、思想體系乃至於禪修方式，係源於佛教四念處的禪修傳統；而目前西方所稱正念減壓課

---

[9] 八正道係指正見、正思惟、正語、正業、正命、正精進、正念、正定。錄自《法燈叢書》（2014a），p71。

[10] 道品，又作菩提分、覺支，即為追求智慧，進入涅槃境界之三十七種修行方法。又稱三十七覺支、三十七菩提分、三十七助道法、三十七品道法。循此三十七法而修，即可次第趨於菩提，故稱為菩提分法。三十七道品可分七科如下：(一)四念處。(二)四正勤。(三)四如意足。(四)五根。(五)五力。(六)七覺分。(七)八正道。錄自《佛光大辭典》，p506。

程（MBSR），實際上則是佛教正念（四念處）去宗教化的俗世應用和練習。

　　西方目前所推行的「正念」，就其精神和內容而言，Kabat-Zinn 認為，正念其實就是覺知（awareness），至於如何培育這種覺知，他認為是要透過持續且特定的觀照方式，有意識地在當下且不帶批判（陳德中與溫宗堃譯，2013）；另 Kabat-Zinn 亦指出正念是刻意地透過有目的性地將注意力放在當下，而培養出時時刻刻，不作價值判斷的覺察，而正念就從其專注中生起，這些可以透過禪修和日常修行中培養（石世明譯，2012；雷淑雲譯，2013）；此外，Kabat-Zinn 亦指出，正念並不是要否定一個人頭腦中想要解決問題的自然慾望，而只是給我們時間和空間來選擇最佳的解決之道。正念首重專注和正知；因此，正念也可以說是以一種特殊方法，讓我們的心回到專注，而這種專注可以讓我們滋養出更多正知、智慧，並接受當下的實相（雷叔雲譯，2008）。

　　Williams 則認為正念是一種訓練心智的方法，當我們還沒掉進負面思惟模式的下沉漩渦之前，就已經先察覺那些模式的出現；此外，正念就是要全然去覺察自己已經擁有的生命，而不是那些你一心希冀的生命（吳茵茵譯，2012），因為希冀或期待的生命只不過是妄念而非正念。

　　Kabat-Zinn 另指出，正念要教導的不是對治（curing）而是自療（healing），因為對治是解除病痛的症狀，而自療則是在較深的生命層次中轉化身心（劉乃誌等人譯，2010）。正如我們經驗身體的疼痛時，好比是被第一支箭射到，如果我們又去抵抗、埋怨或憎恨它時，這時我們就好像在疼痛的身體上面再射上第二支箭，而正念就是讓我們直接對第一支箭作療傷止痛，而不要再射出第二支箭（石世明譯，2012）。

　　一行禪師認為，正念的意義就是指一個人時時對於當下的真實情況保持覺知。至於如何修習正念，一行禪師談到，一個人若能時時刻刻都

專注於工作，分分秒秒都保持警醒，且掌握和因應各種隨時可能發生的狀況，那就是在修習正念了（何定照譯，2004）。

Kathy（2010）指出，正念是一個人時時覺知當下經驗的一種自然心理狀態，它是一種可以透過禪修技巧，讓一個人不用意識心作判斷且持續專注在當下的心境。Hölzel 等（2011b）亦認為，正念的培養是在當下對於意識不作主觀判斷的覺知經驗（the nonjudgmental awareness of experiences in the present moment）。

Singh（2010）在 Mindfulness-A Finger Pointing to the Moon（正念－如標月指[11]）一文中指出，中國禪宗六祖惠能大師曾說，一個手指指向月亮，手指並不是真正的月亮；看月亮，實際上必須超越手指才能看到月亮。對於正念的體悟和認知，應該避免的是只瞭解越來越多關於正念的概念，但卻越來越少真正去體驗正念。正如 Kabat-Zinn 所說，正念是練習同時也是存在的方式，想要從當中受益者，必須要具體力行和實踐；正念最重要且具備轉化力量是實際的練習（吳茵茵譯，2012；陳德中與溫宗堃譯，2013）。

國內學者其實對於 Mindfulness 譯為「正念」是有些爭議，有學者認為「正念」是指 right mindfulness，亦有學者認為「正念」是依據南傳佛教中的內觀法門中四念住而來；惟根據 MBSR 的創始人 Kabat-Zinn 所認知的 mindfulness 指出：

> 「我曾經受過上座部和禪宗的訓練，雖然我的受訓資歷還很淺，
> 但我仍然試著把某些禪修技巧納入我的減輕壓力計畫，以打入主

---

[11] 指示月之指，稱為標月指。佛教將「真如」比喻為「月」，故對不知真如（月）者，以諸種法來說明（指）真如（月）實相。標月指，即指佛所說之諸法，亦即八萬四千法門、五千餘卷之經文。錄自《佛光大辭典》，p6094。

流的西方醫學架構。」（溫宗堃 2013c，p.32）

「在我的國家，正念修習大概也只有一百多年，在這一百多年裡，絕大部分人未曾聽聞正念。正念進入美國主要是經由禪宗，在我的觀念歷史中最優異的智慧體系之一。禪宗發源於印度，大約一千年後傳到中國。禪宗與中國文化和道教的相遇，為這世界激盪出既獨特又深刻的方法，超越所有的二元論（包括佛教徒與非佛教徒的二元論），通往智慧與慈悲。」（胡君梅與黃小萍譯，2013，p.10）

根據研究指出，Kabat-Zinn 曾經跟隨過韓國崇山禪師（Seung Sahn）學習禪法，亦曾在美國麻州的內觀禪修社（Insight Meditation Society）參加過禪修，也是劍橋內觀中心的創始會員之一；另從 Kabat-Zinn 的相關著作描述可以得知，他在禪修訓練上，曾受到東亞大乘佛教「禪宗」（chan）傳統以及東南亞上座部佛教「內觀」（vipassanā）傳統的薰陶（李燕蕙，2014；溫宗堃，2013c）。因此，溫宗堃（2013c）研究指出關於正念減壓（MBSR）的歷史源流，他認為其中正念練習的兩主要構成要素，其中之一是上座部佛教的「內觀」，另一個則是東方大乘佛教的「禪」。

就研究者所探討瞭解以及參與多場相關工作坊和研討會心得，西方學術界目前所探討推廣和運用的正念，西方禪修正念學習者比較偏向南傳小乘佛教，以佛法「四念住」為依據，並以解脫色身之病苦為主（例如：韓沁林譯，2014）；而本研究禪修正念學習者則較偏向大乘佛教，以禪宗明心見性見性成佛，了悟心性乃至了脫生死為目的。惟無論東方或西方所推行禪修正念，都是依據佛法三十七助道品中「四念住」或是「八正道」等佛法修行法門用功。

　　綜上，「正念」意義在本研究敘述「八正道」時「正念」為其八法之一，其餘敘述則意謂從正念到究竟正念；因此，「正念」可說是透過禪修方式和過程，在生活或工作中時時去覺察我們的心念，所達到的一種心境；正念也可以說是以一種特殊方法練習和培養，讓我們的心回到專注和當下；正如專注有其程度之差別，正念也是如此，透過這種覺察和專注地練習，可以讓我們滋養出更多正念智慧，時時活在當下並接受當下的實相。惟一個人如想學習正念並從當中受益，必須要親身具體力行和實踐。因此；本研究所稱正念，可說是一個人透過禪修的方法，在生活或工作中持續學習和訓練，包括四念處、八正道等三十七助道品中等等方法，於事上練習只起善念不起惡念，到最後念念都是善念；在理上則到達修一切善，不執一切善，如此由有念最後歸於無念的究竟正念涅槃解脫境界；正如七佛通戒偈所云：「諸惡莫作，諸善奉行；自淨其意，是諸佛教」。

（三）靜坐

　　靜坐為禪修方法之一，一個人或團體於安靜的空間，端身正坐，同時搭配修習止觀法門（如數息觀等）。有關靜坐的方法，楊定一（2012）指出包括：一、數息，二、觀息，三、隨息，四、守息等。釋聖嚴（1996）指出，一般而言靜坐係依七支坐法而坐，所謂七支坐法說明如下：

1. 雙足跏坐。
2. 背脊豎直。
3. 手結法界定印。
4. 放鬆兩肩。
5. 舌尖微舐上顎。
6. 閉口。

7. 眼微張。

有關靜坐的姿勢，《法燈叢書》（2014a）另指出，靜坐首先端坐於禪墊上，身心放鬆，臉帶一絲微笑，頭部正直，後頸微靠衣領。下顎微收閉口，舌尖微抵靠上齒顎。兩手結金剛定印（即左掌下，右掌上，兩大拇指尖微微相接）。雙臂自然下垂，雙手結金剛定印放於大腿上。兩腿可雙盤、單盤或如意坐。初學者靜坐時不免腿酸、麻、疼痛。如覺酸痛難忍，可用小墊子將臀部墊高，練熟後，即可抽去不用為宜。如覺腿硬，無法盤坐時，可以多禮佛拜懺，讓筋骨軟化。

Williams 等人在《正念》一書中，談到簡易的「一分鐘禪」時，其實禪坐（靜坐）也可以很容易，只要坐在一張靠背椅上，讓脊椎自然挺直，雙腳平貼地板，微閉雙眼，並把注意力放在呼吸上，感覺呼吸的進出；心如遊走到他處，不必懊惱責怪自己，輕輕地再把注意力帶回呼吸即可，重點是把注意力放在呼吸，慈悲看待心念的生滅，另外以開放和歡喜的心繼續靜坐（吳茵茵譯，2012）。

（四）數息觀

一行禪師指出，「數息觀[12]」是佛教修行中最基礎的法門之一。數息觀同時也是止觀法門之一，另外也可以用隨息和觀息的方法（何定照譯，2004）。所謂「數息觀」即是計算自己入息或出息之次數，以收攝心於一境，使身、心止息。此為除散亂、入正定之修行法門（《佛光大辭典》，1997）。「數息觀」中所稱「數」，即為數字的數；「息」則是指個人的鼻息或氣息。修「數息觀」，即是指隨著氣息的出入，心中

---

[12] 又作阿那般那觀、安那般那念、念安般、安般守意。意譯作念入出息、念無所起、息念觀、持息念。簡稱安般、數息。乃五停心觀之一，八念之一，十念之一。即計數入息或出息之次數，以收攝心於一境，使身、心止息。此為除散亂、入正定之修法。錄自《佛光大辭典》，p6090。

默數數字，並將心念靠在數字上，藉以停止心念的妄動與昏闇。數息主要的目的是為對治個人的妄想、昏沉、無記和無聊。一個人「數息觀」如修習純熟，數得綿綿密密、不夾雜、不間斷，打成一片，妄念頓消，定境可現前，達到心念清靜的善境界（《法燈叢書》，2014a）。

楊定一（2012）也指出，所謂「數息」也就是數自己的呼吸，也就是每次吐氣時，從數字一到十數吐氣的次數。我們常常忽略「呼吸」這個看似平常而單調的動作，反而將心念靠在念頭遷流所形成的快樂、悲傷、憤怒等等情緒，進而造成種種的心理壓力或身體病痛。例如當我們生氣、緊張或者難過等種種情緒升起時，呼吸會變得急促，此時如果透過深呼吸的方法，可以讓自己覺知並回到當下，進而緩和或轉換情緒和情境；因此，呼吸同時也會影響一個人的身體健康狀況。雖然呼吸這麼的重要，但我們每個人其實很少認真地好好觀察過自己的呼吸。

MBCT 創始人之一的 Williams 認為，傳統上禪修都是以收攝心神開始，最常見的方法就是專注於呼吸上，因為呼吸可以讓我們的注意力有個依靠和定點，可以更清楚看到自己心的狀態（吳茵茵譯，2012）。

（五）禪七

禪七的意義，依據《佛光大辭典》注釋，所謂禪七係指於七日中剋期求證之修行。修行者為求在短期內得到較佳之修行成果，常作限期之修行，通常多以七日為期，稱為打七，又稱結七。如於七日中，專修念佛法門者，稱為打佛七，略稱佛七；專修禪宗法門者，稱為打禪七，略稱禪七。

另有關禪七的意義，中臺世界（2014）指出：

「佛法有事有理，事上，七代表七天的禪修用功，如果時間太短沒有功效，太長又抽不出時間，所以七天最適當。理上，七指第

七意識，第七識恒執有我，也就是我執。有了我執，處處為自己著想，以自我為中心，因此而生出一切的煩惱，這都是源於第七識的執著。禪七，就是利用七天禪坐的用功，把我們平日善於攀緣的心收回來，增強我們的覺性，返觀自心，破除我執，轉識成智，使人人本具的清淨佛心得以現前。經常保持清楚、明白的心存在，人在那裏心在那裏，處處都能作主，就成為真正的牛主人，這樣不論做什麼事情都能有所成就，更能將煩惱轉換成智慧，使人生更有意義，生活更能自在、安詳和快樂。」

一般而言，禪七係指參加禪修團體於適合的安靜和清淨的空間，為期八天七夜，以靜坐方式並運用數息、觀息、隨息、參話頭以及中道實相觀等止觀法門，進行禪修靜坐活動而言，部分禪修團體亦有舉辦較短期間的禪三（三天二夜）或一日禪（一天）。有關禪七內容及行程可參考【附錄一】。以附錄中所舉辦禪七活動而言，除報到以及第一天八關齋戒和最後一天外，其餘五天，每天都有完整 10 支香，每支香為 60 分鐘，其中包含靜坐 40 分鐘、行香和休息時間 20 分鐘。禪七活動期間，不論是靜坐、行香和用餐，乃至休息時間，都是禪修正念練習和用功的機會。

五、禪修正念學術研究發展趨勢分析

禪修正念係源於東方，三十年前流傳於西方與其醫學和心理學等治療理論相互結合，並以科學實證研究方式，提出許多學術研究報告；近年國內學術界亦輾轉對此領域開始加以研究，以下茲就國外及國內學術研究的發展趨勢加以說明。

（一）禪修正念學術研究於國外發展分析

　　近年來西方心理治療學者 Kabat-Zinn、Williams 以及 Segal 等人，將東方禪修正念與西方醫學與心理治療理論相互結合，發展出正念減壓療法（MBSR）與正念認知療法（MBCT）；另西方科學家們亦與達賴喇嘛展開學術對話，透過科學實證研究，驗證禪修正念與身心靈健康的相關性；此外，也將禪修正念推廣到教育、教學和心理輔導等領域，為學術與禪修正念之間打開一扇融通之門。此外，西方教育界包括英國和美國等，近年將禪修正念運用在教育和教學上，推行「The Mindfulness in Schools」以及「Mindfulness in Education」。其中英國推行「The Mindfulness in Schools Project」，以簡而易懂的「.b」[dot-be]，代替一般人認為深奧難懂的「禪修正念」的觀念，所謂「.b」亦即代表「stop」、「breathe」和「be」（Richard & Chris, 2013）。以禪修正念的觀點而言，也就是指透過數息或觀息的方法，停止妄想執著，回到本然的清淨心。透過數息觀息也就是「止觀法門」之一，停止妄想執著也就是禪宗所謂「歇即菩提」的「歇」字，而回到本然的清淨心也就是每個人的「菩提心」。

　　有關國外禪修正念研究文獻報告，經以主題關鍵字" meditation "和" mindfulness "，於 Web of Science SCI-EXPANDED, SSCI 資料庫中搜尋近十年（2004 至 2013）來發展的趨勢分析（發表篇數）可以發現，呈現穩定逐年攀升趨勢，特別是 2013 年更為明顯（如圖 2-1 所示）。(根據 American Mindfulness Research Association 統計，2020 年「正念」研究論文共計有 1153 篇)。

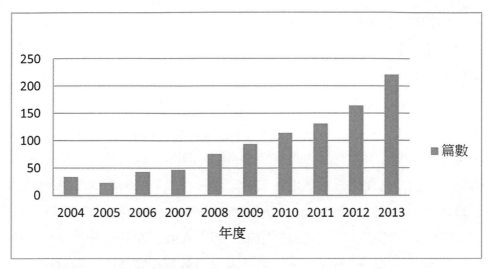

圖 2-1　國外期刊發表篇數趨勢（meditation & mindfulness）

　　國外禪修正念研究文獻報告，進一步如以主題關鍵字" meditation " 和" mindfulness " 再限縮為" education "，於 Web of Science SCI-EXPANDED, SSCI 資料庫中搜尋近十年來發展的趨勢分析（每年發表篇數）發現，亦有呈現逐年增加趨勢（如圖 2-2 所示）。

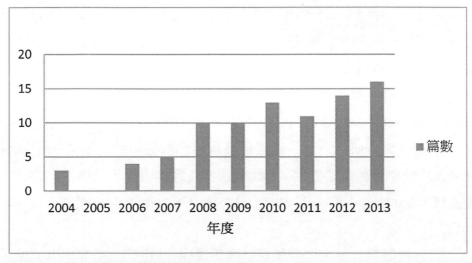

圖 2-2　國外期刊發表篇數趨勢（meditation, mindfulness & education）

（二）禪修正念學術研究於國內發展分析

　　至於禪修正念研究在國內發展分析，經以臺灣博碩士論文加值系統資料庫查詢，近十年來（2004 至 2013 年）有關「禪修」或「正念」的研究博碩士論文篇數顯示，近年有增加趨勢，特別是 2012 年和 2013 年有較明顯增加（如圖 2-3 所示）。至於期刊論文的發表數，另經以臺灣期刊論文索引資料庫查詢，近十年來有關「禪修」或「正念」的研究期刊論文篇數，同樣也是明顯地在 2012 年和 2013 年有較大的增加情形（如圖 2-4 所示）。(2020 年博碩士論文有 60 篇；期刊論文有 26 篇)

　　依據上述博碩士論文資料庫顯示，國內有關「禪修」和「正念」研究文獻報告近年已有所增加，惟如再限縮與教育相關議題，則近十年博碩士論文中，2013 年已開始有四篇禪修正念論文與教育相關，可見禪修正念研究已逐漸涉獵到教育領域。

　　綜上發展趨勢，目前國內外學術界對禪修正念的研究，經蒐集和整理，約略可分為四大類：

　　1. 量化實證研究取向，以實驗組和對照組方式進行研究，實驗組部分施以一段期間（六至八週）禪修靜坐或正念課程或是較長期的禪修經驗者，另一組則無相關經驗，施以量表測驗方式，對專注力和壓力等的改善加以比較或做相關性研究（朱嫻玢，2008；李宇皓，2005；李雅慧，2008；楊淑貞，2007；盧映伃，2013；Biegel et al., 2009; Emily, Lykins, & Baer, 2009; Murphy, 2006; Palmer, 2009）。

　　2. 科學實證研究方式，同樣以實驗組和對照組進行研究，透過受測者大腦功能性影像等方式，作比較或相關性等研究（吳適達，2009；劉劍輝，2008；Hölzel et al., 2011a；Moore, Gruber, Derose, & Malinowski, 2012）。

　　3. 質性研究方式，以帶領正念團體課程（MBCT 或 MBSR）並作

訪談和觀察或做田野紀錄（胡君梅，2012a；張文光，2012；釋宗白，2010；Bernay, 2012; Matchim, 2010）。

　　4. 深度訪談和敘事研究取向，針對較長期從事禪修學習者或禪修團體主管領導人的深度訪談或敘事研究（林曉君，2008；徐潔華，2010；張愷晏，2011；郭又銘，2012；蔡麗芬，2006）。

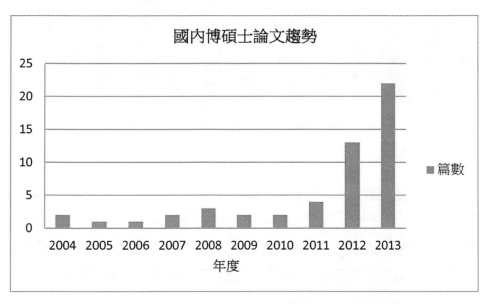

圖 2-3　國內有關「禪修或正念」博碩士論文研究趨勢

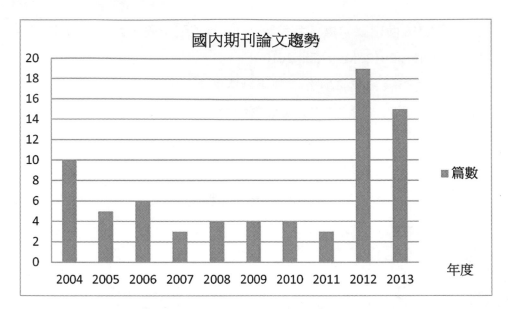

圖 2-4　國內有關「禪修或正念」期刊論文研究趨勢

綜合前述研究報告中，一般而言大部分主要係針對短期參與禪修活動者作研究，特別是以量化實證研究取向為主；惟目前國內尚無針對高等教育工作者，同時也是禪修正念學習者，特別是長年持續從事禪修正念學習者，對其工作和生活脈絡以及生命歷程省思所作的探索和分析。

第二節　禪修正念學習歷程與身心靈健康相關研究

一個人的健康包括身體與心靈兩大部分，而身體與心靈兩者彼此會相互影響。近年來透過西方實證科學的驗證，禪修正念學習確實對一個人的身體和心靈健康會有所影響，茲以近年國內外有關禪修正念學習歷程，以及與身心靈健康相關研究文獻分別說明如次：

一、禪修正念學習歷程相關研究

　　目前國內禪修正念研究中，僅有少數對於較長期從事禪修者學習歷程的研究，包括：蔡麗芬（2006）係採敘事研究取向，以研究者個人為研究對象，藉由研究者十年之隨筆書寫札記等資料，探究其自而立至不惑之年禪修在生命歷程的意義；研究中闡述，禪修成為其生命歷程中覺醒道途的一個敲門磚，研究者並發現禪修在其生命歷程中的意義是一個介入和改變，對自我有更深化的認識，同時對生命有更深刻的理解。

　　另徐潔華（2010）則是透過六位參與禪修學習 4 年至 12 年的受訪者，探討其禪修學習對於轉化學習之歷程經驗；研究中發現，禪修者所養成的反思能力與內省習慣，加上其佛法思惟，對其生活態度和生命意義有全面性影響；此外，研究結果顯示，禪修學習對學習者的影響尚包括能為他人著想，會採取利他的行為；透過心念的轉化提升幸福感，會尊重其他的生命，對他人的關懷，呈現更開闊的生命；最後，研究報告中建議，禪修學習者在轉化學習的過程中要選擇堪稱楷模之教師。

　　張愷晏（2011）則以深度訪談方式，邀請四位有 5 年至 24 年靜坐經驗的諮商心理師進行研究，在諮商心理師靜坐經驗與自我覺察的研究中發現，靜坐對諮商心理師的影響是全人整體的，包括身體、心理、靈性面皆因而改變，如身心的放鬆、能量的充盈和清明的心智等；此外，靜坐亦使諮商心理師自我覺察能力增加、品質提升，專注力和穩定力也同時提高。

　　黃馥珍（2008）係以敘說的方式探討一位女性諮商師，在諮商與禪修中的心理歷程與體驗，以及自我成長經驗；其研究結果將研究對象的自我成長歷程分成五個階段，分別分析其歷程與體驗。其中第五個階段「平穩與擴展」期，是她禪修後呈現出新的生命，包括生活有能量、較

有耐心、關心他人、輕鬆自在與人相處、能感恩與懺悔等，因此禪修學習是其重要心靈成長和轉化點；研究中同時指出諮商師本身要先成長、統整，才能協助個案成長。

二、禪修正念與身體健康相關研究

在國外文獻報告，其中 Hölzel 等（2011a）於麻薩諸塞州大學進行一項禪修正念練習是否導致大腦區域的灰質密度增減的科學實證研究報告指出，該研究計畫利用磁共振成像（MRI），對 16 名參加爲期 8 週的正念減壓療法（MBSR）的參與者，在實驗前後進行了腦部掃描，研究發現進行八週禪修正念訓練後，確實會改變大腦結構。其中參與者大腦的扁桃體中的腦灰質密度有所減少，表示壓力的減少，因為扁桃體被認爲是大腦中產生焦慮和壓力的重要部位；此外，亦發現參與者的大腦海馬區灰質密度增加，而這一區域在學習和記憶的發揮具有重要的作用。另外，與自我意識，同情心和反省相關結構的灰質密度也有所增加，表示參與者對自我意識，同情心和反省能力有所提升。

Biegel 等（2009）研究顯示，相對於控制參與者而言，接受正念減壓療法（MBSR）訓練後的自我報告表示，會減少身體窘迫症狀，同時會提升睡眠的質量；而 Crane, Kuyken, Hastings, Rothwell 和 Williams（2010）研究則指出，以正念為基礎的治療方法，有助於改善慢性身體健康的問題。此外，Grinnell、Greene、Melanson、Blissmer 與 Lofgren（2011）在大學生體位和行為與正念的相關性研究中發現，較少正念的組別擁有較粗的腰圍，證明正念和體重之間具有相關性，因此正念確實會影響大學生的健康狀況。

Britton、Haynes、Fridel 與 Bootzin（2010）研究顯示，八週正念認

知療法（MBCT）課程，確實可以同時改善改善病患睡眠的質量和情緒障礙。

　　哈佛大學醫學院在正念利益的醫學報告（Harvard, 2014）中也指出，正念可以提升人們生活中的幸福感；在改善身體健康部分包括可以紓解壓力、減輕心血管症狀、降低慢性疼痛感和提升睡眠品質；至於心理健康部分則包括了改善憂鬱和焦慮症狀、物質濫用、飲食失調、強迫症，甚至有效化解夫妻衝突等。

　　相關臨床研究證明指出，透過正念課程有意識地培養慈悲和同情心，可以幫助我們培養存在模式，進而減少疼痛和增強免疫系統（韓沁林譯，2014）。

　　在國內相關研究文獻，其中楊定一（2012，2014）在彙整知名科學文獻包括 *Nature* 雜誌以及身心醫學期刊等研究報告指出，禪修靜坐可以提升人體各種生理機能；科學實證報告亦顯示，靜坐可以改變一個人的腦波頻率，由一般人普通的 β 波、改變為 α 波、θ 波乃至 δ 波，當腦波逐漸改變為 α 波、θ 波時，此時一個人身心狀態處於最寧靜、創造力和洞察力最佳的狀態；另就醫學而言，人們經常處於交感神經（壓力反應系統）緊繃狀態，而靜坐則能刺激副交感神經系統（人體恆定和調控機制，可放鬆身體，緩和心跳呼吸和內分泌反應的速度），讓身體回復和諧與完整（楊定一，2014）。劉劍輝（2008）在大腦功能性影像於靜坐生理調節現象的研究發現，應用功能性磁振造影（fMRI）技術，對靜坐者所作的實驗記錄中證實，靜坐與生理調節間具有高度的相關性。此與國外相關科學實證研究報告如 Hölzel 等（2011a）有相同的結果。

　　禪修靜坐（禪坐）的具體療效的研究結果顯示，禪坐練習可以有效改善和提升末梢循環；高血壓患者在經歷規律禪修後，生活質量及健康機能有顯著的差異性；此外，禪坐能使自主神經的交感／副交感平衡趨

向於副交感神經的活動；另外禪坐中心肺相位同步的次數和時間總長度明顯增加（效能較高）。禪坐也會加強心臟的搏出能力，得到較佳的動脈順應性，同時降低血管的阻塞，並強化動脈彈性以及主動脈瓣膜的功能，據以推論出禪坐的確可以促進心血管系統的相關特性，美國心臟學會（AHA）亦承認靜坐對血壓與心血管疾病具有正面效果（吳適達，2009；李宇皓，2005；Brook, Appel, Rubenfire, Ogedegbe, Bisognano, Elliott, Rajagopalan, 2013）。

　　前述禪修靜坐對身體健康的實證研究報告，與美國國家衛生研究院研究長期間（19 年）追蹤研究發現，禪修組與對照組比較，禪修靜坐可減少死亡率約 23%，心血管死亡率減少約 30%，癌症死亡率減少約 49%（吳茵茵譯，2012）的結果，可以相互應證。

三、禪修正念與心靈健康相關研究

　　在國外文獻報告，禪修正念與情緒和壓力有關的研究結果，包括 Murphy（2006）研究指出，透過團體療癒方式，指導學員參與八週的正念減壓療法（MBSR）後，發現禪修對於壓力的減輕有顯著的效果；而 Germer 等（2005）認為內觀禪修可以使人們保持中立的態度去經驗正、負向的事件，從而使痛苦的經驗減少；Biegel 等人（2009）研究則顯示，相對於控制參與者而言，接受正念減壓療法（MBSR）訓練後的自我報告表示，會減少焦慮、抑鬱情緒和身體窘迫症狀，同時會提升自尊能力。Beauchemin 等（2008）的研究亦顯示，禪修正念的訓練和學習，可以有效減輕青少年學生焦慮。Palmer（2009）針對 135 位住宿的大學生，所作有關正念與感知壓力和應對方式的問卷調查研究，結果顯示正念與理性積極應對有顯著的正相關，而與情緒性和逃避應對以及感

知壓力則有顯著的負相關。

　　人們身體疼痛所帶來的痛苦有兩種，一種是身體的疼痛所感受的「主要痛苦」，另一種則是伴隨主要疼痛附加出現的「次要痛苦」，它主要是與痛苦有關的想法、感覺、情緒和記憶，如焦慮、壓力、憂心、憂鬱、絕望等，而正念可以讓我們看清楚「主要痛苦」和「次要痛苦」，進而減輕和療癒「次要痛苦」（韓沁林譯，2014）。

　　Broderick 與 Metz（2009）在一項將正念納入健康課程計畫中研究指出，120 位參與實驗的高中生中，相對於對照組，參與者報告負面影響減少，平靜的感覺增加，同時能夠更放鬆和自我接納。Oman, Shapiro, Thoresen, Plante 和 Flinders（2008）和 Crane 等（2010）實證研究結果亦顯示，正念減壓療法（MBSR）練習對於仍在大學就讀的學生有減輕壓力和改善焦慮症的問題效果。

　　至於在提升專注力部分，Moore 與 Malinowski（2009）在禪修正念和認知靈活性的相關性研究指出，專注力表現和認知靈活性與禪修練習程度呈正相關，禪修者專注力表現的表現明顯優於非禪修者。此外，自我評量顯示，禪修者專注力和正念關聯性呈現中高度相關。另外，Semple（2010）於禪修正念是否增強專注力研究指出，參與者完成了四週的計畫課程，其中正念組完成每日兩次的訓練後，信號檢測的辨別力比其他組別表現得更好，顯示禪修正念可以增強專注能力。

　　有關增加自尊和生活幸福感以及自律能力提升部分，Hennelly（2010）在一項正念訓練（.b program）計畫對青少年的社交和情感幸福度以及學習成就影響研究中指出，正念訓練（.b program）對於青少年的自我恢復能力有顯著改善，同時對於情感幸福度有更大的穩定性。而 Weare（2013）研究指出，正念透過適當的指導和持續的練習，已被證明能夠有效改善心理健康、幸福感、情緒、自尊、自律、積極的行為

和學習成就。

　　至於國內相關研究文獻中，張愷晏（2011）在諮商心理師靜坐經驗與自我覺察之探討研究中指出，研究個案中的身體、心靈面皆因靜坐而改變；靜坐也為個案帶來身心的放鬆、能量的充盈以及清明的心智；靜坐也使諮商心理師自我覺察能力增加、品質提升。此與黃馥珍、高琇鈴與賴幸瑜（2008）研究提及，冥想（meditation）或禪坐已經是西方諮商輔導技巧的一部分，經常用來協助個案處理壓力的放鬆策略之一，例如 Davis 與 Hayes（2011）在探討正念的利益研究中即指出，正念練習提供心理治療師一個成功治療的積極正面影響，同時提出正念在心理治療實證上的綜合利益，兩篇研究報告可以相互驗證。另外，胡君梅（2012）於正念減壓團體訓練課程（MBSR）之行動研究中發現，大部分成員都認為正念練習對壓力減輕和睡眠有很大的助益，同時更能接納自我生活中的不順遂，也增進人際關係的品質，此與 Biegel 等人（2009）研究顯示，相對於控制參與者而言，接受正念減壓療法（MBSR）訓練後的自我報告表示，會減少焦慮、抑鬱情緒和身體窘迫症狀，同時會提升自尊和睡眠的質量，亦有相同結論。

　　朱嫻玢（2008）在其靜坐經驗、心智專注影響決策品質與組織情感產出之研究指出，靜坐經驗與心智專注有顯著正向關聯性，與生活幸福感呈正相關。徐潔華（2010）在從情緒經驗探究禪修學習者轉化學習歷程之研究中發現，受訪者認同禪修學習可以改善個人情緒經驗，並且透過練習反思內觀，逐漸學習並形成正向情緒經驗，和更積極的人生觀。李雅慧（2008）研究報告發現，靜坐除了可提升工作者個人內在靈性，進而可以增進職場靈性與工作品質。張文光（2012）在人際互動禪修團體成員的身心體驗與改變之研究指出，人際互動禪修團體對於參與成員的生理、情緒、人際關係與心靈提升意識確實有很多正面的影響。

　　楊定一（2014）指出，憂鬱和焦慮發生的原因，是某些神經傳導系統一再被某些壓力訊號啟動所致，而靜坐則可以培養新的神經傳導迴路，取代原先導致憂鬱和焦慮發生的神經傳導系統；楊淑貞等（2007）在禪坐之自我療癒力及其對壓力、憂鬱、焦慮與幸福感影響之研究中發現，自我療癒力有四個主要因素包括：1.正念，2.慈悲，3.安定，4.覺察。其中禪坐者的自我療癒力、幸福感，相較於無禪坐者為高；而禪坐者的壓力、憂鬱與焦慮則較無禪坐者為低；此外，該研究還發現自我療癒力可降低壓力，同時也間接降低憂鬱與焦慮並提高幸福感。上述研究結論與釋聖嚴（1996）提到禪坐的三種功能包括：一、達到身心平衡，二、達到精神穩定，三、達到智慧心和慈悲心的開發，以及達賴喇嘛認為「慈悲心」的培養是自利又利他，慈悲就像禪定的力量，也像鎮定劑一樣，會讓一個人躁動的心恢復平靜（張美惠譯，2003），三者可以相互得到呼應和驗證。

　　初麗娟與高尚仁（2005）發現靜坐經驗、情緒智能、壓力知覺、負面心理健康四者相關，證實靜坐經驗，能脫離慣性不健康思維，對壓力知覺事件可以有不同的詮釋。釋善揚（2008）研究結果亦發現，透過禪修的練習可以讓身、心得到轉化，同時對於病苦無常、情緒方面皆有部分的改善，且達到生活調適或自我超越。

　　楊定一（2014）認為，大多數人是被靜坐的身心益處所引進門，但改善身心的健康只是靜坐的副產品而已，最大的利益和目的是為了「找到真正的自己」。此與陳玉璽（2013）認為治療疾病或消除病痛，只是禪修正念過程所產生的附帶結果，而解脫一個人煩惱以及苦，找到生命當中安祥、喜悅、慈悲、愛心、寬恕等清淨內心，才是真正的目的，兩者有相同的體悟。Kabat-Zinn 亦說，正念是一種練習同時也是存在的方式，學習正念者如想要從中受益，必須要具體力行和實踐；正念最重要

且具備轉化力量也是實際的練習（吳茵茵譯，2012；陳德中與溫宗堃譯，2013）。

綜合上述諸多國內外研究和科學實驗報告，將禪修正念對人身體和心靈健康的正面影響，歸納為以下數點：

1. 因為壓力的減輕，或自我接納生活的不順遂等，可以有效提升睡眠的品質。
2. 可以重塑大腦提升大腦功能；其中自我意識，同情心和反省能力有所提升。
3. 可以降低血壓緩和心臟疾病。
4. 可以有效改善焦慮、抑鬱和壓力感。
5. 可以提升專注力和自我覺察力。
6. 可以增加自尊和生活幸福感自律能力提升。
7. 可以促進生理及心理的健康。
8. 能夠有效改善情緒、自律和積極的行為。
9. 可以改善健康和開發創造力等，但最終是找到真正的自己。

雖然前述諸多國內外研究和科學實驗報告，禪修正念對人身體和心靈健康有許多正面的影響，但是絕非一蹴可及，Kabat-Zinn 即表示，八周的正念減壓課程只是開始，真正的探索還是在日常生活當中，還要持續身體力行；因為正念就像是菜單，光看是不會飽的（胡君梅與黃小萍譯，2013）。

無論是 MBSR 或 MBCT，正念課程老師只是引導者，教導自我療癒的理念和方法，學員還是要每日持續自我練習，才有可能產生心靈轉化和療癒的可能（劉乃誌等人譯，2010）。

第三節　禪修正念應用於教育的相關研究

　　大學教師最主要工作除了教學、研究工作外，還要擔任行政服務和學生輔導工作。當前社會由於多元化發展，大學校園學生在學習和成長階段面對不同的價值觀時，常常無所適從和面臨兩難的抉擇，需要師長適時正確的知見引導；另外學生也面臨功課和感情以及未來就業等等壓力，根據董氏基金會（2012）調查研究報告指出，國內大學生中 18.7% 的有明顯憂鬱情緒，亦即每 5 人就約有 1 人，需尋求專業協助；大學校園中目前雖然有設有心理輔導諮商中心和諮商心理師，但身處與學生第一線接觸的教師特別是擔任導師以及心靈成長相關社團指導老師，如能適時從旁加以協助和引導，或可避免許多悲劇的發生。惟助人需先自助，否則身處升等和評鑑壓力的教師們，可謂泥菩薩過江，連自身都不保，更遑論要輔導學生和從事行政服務工作。

　　由前述禪修正念研究於國內外發展趨勢分析，以及禪修正念與身心靈健康相關性研究文獻報告中可知，學術界近年積極投入相關研究且成果豐碩，惟大多仍以禪修正念與個人身心靈健康為主要研究主題和方向，至於禪修正念應用於教育部分，相對而言較為少數。國內對於禪修正念與教學、研究和服務的相關性研究，目前尚付之闕如，主要研究文獻大都是運用在學生輔導和諮商部分，特別是以諮商心理師為研究參與對象，如釋宗白（2010）在諮商心理師參與禪修正念團體的經驗知覺與影響之研究中發現，在生理層面，參與者能傾聽自我身體的訊息，反思索求的慣性，並改變個人與身體的關係，並從中培養平等觀；在心理層面，從向外攀緣到內觀覺察，從需要控制明確到能隨順安在於各種境緣，從混亂波動的狀態到能靜定不受擾。此外，張愷晏（2010）則以具禪坐經驗的諮商心理師為研究對象，以深度訪談法，探討靜坐經驗對於

諮商心理師全人的影響、對自我覺察與專業上的協助時發現，面對
「苦」的經驗，促使諮商心理師投入靜坐學習，進而回到自己的內在，
擴大生活層面和生命經驗體驗和理解，在身心靈三方面都有改變。至於
自我覺察能力方面，變得更清晰和清明；同時個人的專注度與穩定度也
有所提升。另外，在專業能力上，諮商心理師因此更清楚自己的狀態，
覺察自己是否產生反移情，有助於諮商工作品質的提升。上述研究有關
禪修靜坐可以提升專注力和自我覺察力的結論與 Moor 和 Malinowski
（2009）以及 Semple（2010）的研究發現相符合。

　　至於禪修正念應用於大學學生的研究報告，其中吳適達（2009）在
禪坐的解壓機制研究中指出，有禪坐習慣的大學生中，具有負面情緒問
題的比例較低。另童郁筎（2006）研究則指出，參與禪坐課程之實驗組
學生，立即性及持續性的影響方面，在「大學心理適應量表」之「問題
解決及決策力」、「家庭及人際關係」、「個人自信及勝任力」、「學
習適應力」、「情緒適應力」、「價值判斷力」得分均優於對照組學
生。關於禪修正念運用於輔導對大學生的影響，盧映伃（2013）研究發
現，在以正念為基礎的認知治療團體（MBCT）對大學生情境、整體焦
慮情緒具有立即之輔導效果；此與 Beauchemin 等（2008）研究顯示，
禪修正念的訓練和學習，可以有效減輕青少年學生焦慮，有相同的研究
結論。

　　有關禪修正念學習對教師影響部分，賴信宏（2008）在教師工作情
緒經驗與管理的研究指出，影響教師情緒的主要對象為學生，在工作中
會產生諸多的情緒反應，運用佛法的「正知見」讓他們能更快覺醒，覺
察到自己內心的變化，也更具有反省自己的能力；此外，在面臨情緒困
境時，運用「反省」、「轉念」、「觀功念恩」、「離境」、「忍辱」
等方式，讓行為上更為善巧、柔軟和有彈性。此與 Moor 和

Malinowski（2009）以及 Semple（2010）研究指出正念學習可以提升自我覺察力，可以互相對照呼應。

　　Bernay（2012）在一項對五位初任教師學習禪修正念的研究結果中顯示，教師在課堂中會更專注，更容易覺察學生的需求，除了自我壓力會減少外，同時強化反思能力，也增加同理心和慈悲心。

　　高等教育工作者，主要除了教學、研究和輔導工作外，部分尚須擔任教育行政工作，如兼任系所主管或各處室學術職務的主管工作等。有關禪修正念的學習是否對一個人的人際關係、領導統御或者決策是否有所影響，相關國內研究文獻中，朱嫺玢（2008）在其靜坐經驗、心智專注影響決策品質與組織情感產出之研究指出，靜坐經驗與「決策」（decision making）品質有顯著正向關聯性；整體而言，靜坐實驗組（為期八週的靜坐課程訓練）之決策品質與能力表現優於控制組（無參與任何訓練）。另張喬復（2009）之研究則發現，「覺觀正念」對於提昇組織成員「心理資本」（psychological capital）有很大的正面影響，間接亦對行政工作的推動有所助益。郭又銘（2012）在研究非營利組織的主管中發現，行政主管運用如能「放下自我」和「把握當下」的覺觀正念時，有助於鬆動個人與組織常規的對立關係，如再進一步運用「反觀自照」、「體悟與實踐生命的價值」、「站在別人的角度思考」等三個覺觀正念能力時，將有助於融合個人與組織常規的歧異，進而促成組織發展與目標達成。

　　至於禪修正念與教育有關的國外相關文獻研究，其中正念與學生學習成就的相關性研究部分，Weare（2013）研究指出，正念透過適當的指導和持續的練習，除了證明能夠有效改善心理健康、幸福感、情緒、自尊、自律、積極的行為以外，亦可提升學生的學習成就。而 Beauchemin 等（2008）研究則顯示，青少年學生透過禪修正念的訓練

和學習，除了可以有效減輕焦慮症狀，同時可以促進其社會技能，進而可提高學習成績。Hennelly（2010）在一項正念訓練（.b program）計畫對青少年的社交和情感幸福度以及學習成就影響研究中指出，正念訓練對於青少年的自我恢復能力有顯著改善，同時對於情感幸福度有更大的穩定性；此外，在課業學習和成就上亦有明顯的進步。Oman, Shapiro, Thoresen, Plante 和 Flinders（2008）實證研究結果則顯示，正念減壓療法（MBSR）練習對於仍在大學就讀的學生除有減輕壓力效果，同時在人際關係上能增進寬恕能力。

至於有關教師教學情境的研究，Joshua（2010）在臨床醫生和教育工作者的正念教學實用指南一文中指出，老師和學生的關係是平等的，老師只須扮演一個引導者的角色或是作為學生精神上朋友。因為課程內容的進行是在每個人的當下，而它也不會有真正達到完成學習過程的終點。

綜上國內外文獻探討禪修正念在教育工作情境上的影響，彙整分類說明如次：

一、與學生教學情境相關或提升教學品質有所助益的研究結果

（一）禪修正念可以從中培養平等觀；隨順安在於各種境緣，能靜定不受干擾。

（二）禪修正念可以增加自我覺察能力，變得更清晰和清明；個人的專注度與穩定度也有所提升。

（三）禪修正念可以覺察到內心的變化，更具有反省的能力，讓行為上更為善巧、柔軟和有彈性。

二、與研究情境相關或對研究工作有所助益的研究結果

（一）禪修正念的訓練可以有效減輕壓力或焦慮情緒。

（二）禪修正念練習可以讓學習者隨順安在於各種境緣，能靜定不受干擾。

（三）禪修正念學習可以有效改善情緒、自律、積極的行為。

（四）禪修正念可以增加自我覺察能力，變得更清晰和清明；個人的專注度與穩定度也有所提升。

（五）覺觀正念的培養可以提升組織成員「心理資本」，間接亦對行政工作的推動有所助益。

（六）領導者如能增加覺觀正念能力時，將有助於融合個人與組織常規的歧異，進而促成組織發展與目標達成。

三、與輔導及服務或教育行政工作情境相關或有所助益的研究結果

（一）禪修正念練習可以在人際關係上能增進寬恕能力。

（二）覺觀正念的培養可以提升組織成員「心理資本」，間接亦對行政工作的推動有所助益。

（三）禪修靜坐與心智專注可以提升個人決策品質與能力。

（四）領導者如能增加覺觀正念能力時，將有助於融合個人與組織常規的歧異，進而促成組織發展與目標達成。

（五）禪修學習的影響包括能為他人著想，會採取利他的行為；透過心念的轉化提升幸福感，會尊重其他的生命，對他人的關懷，呈現更開闊的生命。

第三章　實證研究設計與實施

「結廬在人境，而無車馬喧。問君何能爾？心遠地自偏。
採菊東籬下，悠然見南山。山氣日夕佳，飛鳥相與還。
此中有真意，欲辯已忘言。」

　　　　　　　　　　　　---晉・陶淵明---

　　本研究在研究方法取向上屬於質性研究中訪談研究法，主要是透過研究者與共同研究參與者（受訪談者）作深度訪談取得文本分析資料，研究進程中依據研究者與共同參與者研究者互為主體的經驗上，取得分享資料以及對文本的分析、詮釋等步驟，瞭解與體會高等教育工作者在教育情境中賦予的個人生命經驗。

　　本章主要說明研究設計與實施的過程，共分六節包括：第一節為研究方法，說明本研究採取質性研究中訪談研究法取向的契合性；第二節為研究參與者，說明本研究選取個案方式及個案基本資料；第三節為研究工具，說明研究過程所使用的相關研究工具；第四節為資料處理與分析，說明其方法與過程；第五節為研究信效度檢核，說明本研究在信效度檢核所採取的方法；第六節為研究倫理，說明本研究涉及倫理問題的處理方式。

第一節　研究方法

一、研究流程

「本研究在研究方法論上屬於質性研究中的訪談研究法」（interviewing as qualitative research），資料的蒐集主要係以半結構方式的深度訪談取得分享文本材料，並以進一步作分析和詮釋。有關本研究的研究流程規劃說明如下：

（一）首先選取適合個案。本研究根據研究動機和目的，並與指導教授討論後，設定相關選取標準，接著與符合標準的可能訪談個案接觸，徵詢其接受訪談意願，最後選取六位作為擔任本研究共同參與研究和受訪個案。

（二）安排進行深度訪談。依據研究目的和待答問題，與指導教授討論後，研訂半結構三階段式訪談大綱，準備安排與受訪個案進行二至三次深度訪談。

（三）取得分享資料，進行閱讀分析和詮釋。根據訪談逐字稿所整理文本資料，首先進行反覆閱讀，並作資料分析、討論和詮釋，最後作出相關研究結論、反思與建議。

綜上說明，謹將研究流程以圖文表示如圖 3-1。

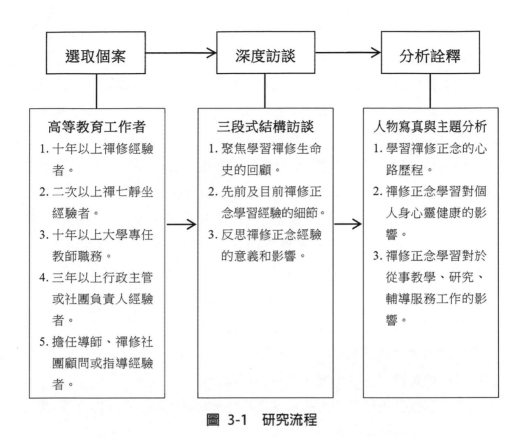

圖 3-1　研究流程

二、質性研究取向

　　在研究法中，量化研究主要目的是找出變數，並分析變數之間的相關性或因果關係，而質性研究的價值則在瞭解個案（人）所處的情境以及個案在該情境中的內涵（蕭瑞麟，2007）。Seidman 指出，質性研究的價值在於瞭解當事人所處的情境以及其在該情境中的深層意涵（李政賢譯，2009）。Flick 則指出，質性研究中很重要的一部分是以文本（text）和紀錄做為分析和詮釋的根據（張可婷譯，2010）。

　　質性研究法是一種詮釋、一種說法及一種表達主觀感受的科學。它

主要的目的是詮釋問題，並了解某個現象的含意，而不是量化中強調「測量」。此外，質性研究必須透過深入的個案訪談和分析，用文字方式詳細描繪出實況與細節，讓讀者深入情境。研究者重要的任務是說故事，首先跟讀者說明用什麼角度說故事，同時將背景交代清楚，其次要描述所牽涉的人物和其扮演的角色（蕭瑞麟，2007）。

蕭瑞麟（2007）同時指出，個案研究是質性研究中主要的表現手法，而個案研究法中兩種主要研究和分析方式包括：

1. 一類型是以詮釋學為基礎，透過個案故事（story）的述說，描述精彩的故事情節，讓讀者可以深刻感受並窺得問題的核心。

2. 二類型是以實證哲學為基礎為主，透過構念（construct）來分析所獲得的質性資料，並由此基礎建構相關的理論。

本研究根據研究主題及研究目的和待答問題，採用第一類型研究和分析方式，透過個案生命故事的述說和分享，從中找尋和瞭解高等教育工作者在教育情境中賦予個人經驗的寶貴資料。

至於個案分析進行的方式，艾森哈特（Eisenhardt, K. M）認為應包括八個步驟（蕭瑞麟，2007）：

1. 行動前的準備：研究者首先要提出問題意識，逐漸形成研究問題，透過相關文獻訂出初步構念，作為個案分析參考。

2. 選擇個案：Eisenhardt（1989）認為個案數量的選擇，係取決於理論的相關度，一般而言以四到十個個案數較為適當。本研究訂為談訪六個個案。

3. 定義資料蒐集規範：在進行實地訪談之前，研究者須先訂定一些規範，如訪談目的、訪談大綱等。

4. 進入現場：個案研究重點是進入個案現場，進行訪談或觀察，一般稱為田野調查，並將所得資料轉為文字記錄。

5. 分析資料：包括個案和跨案資料分析，研究者需浸泡資料當中，並深入體會資料，進而分析個案中的共同點和不同處，試著描繪構念。

6. 形成假說：透過前述的步驟，資料與現象之構念關係會逐漸顯現，接著比較資料和假說並試著結合兩者之間的關係。

7. 擁抱文獻：首先要熟悉與研究相關的文獻，進而找出意見相同提升內部信度，並分析不同意見的文獻，試圖拓展原推論的程度。

8. 結束研究：一般而言，當資料分析已達「理論飽和」時，就是可以準備將研究告一段落的時候。

　　從以上相關研究法的特性分析，本研究為探討個人生活的經驗和工作以及生命意義，適合採取以質性研究中訪談研究方法，並將取得的分享文本資料，作分析和詮釋。

　　因此本研究在本體論上──採詮釋主義（現象學）的本體論。在知識論，認同知識是建立在人與人互動的社會化過程中，體會互動產生的結果。至於方法論上，則是採質性研究中的訪談研究法（張可婷譯，2010；蕭瑞麟，2007）。

三、資料分析和詮釋

　　本研究主要採取的是質性研究中的「訪談研究法」。透過訪談個案所取得的分享資料，進行分析和詮釋。訪談文本資料分析兩個主要方式，包括人物敘事寫真及主題連結分享。Seidman 指出，訪談主要目的即是透過與談者的故事，理解當事人的親身經驗，並將其過程內容編寫為人物敘事寫真（narrative profile），使其可以轉化為有意義和價值的

知識；至於主題連結（thematic connection）則是依照各項主題，將訪談資料加以分類和組織，然後選擇最足以闡明個別主題的文本段落，最後就該文本段落提出研究者的見解或評論（李政賢譯，2009）

　　本研究在受訪個案學習禪修正念心路歷程以及重要轉化階段分析，主要以編寫人物敘事寫真，將個案敘說其學習禪修正念生命故事史，以三個時期分類（包括接觸學習、體會領悟和實踐運用），分析詮釋其中重要他人、事件和體會，同時輔以表格方式說明，以利後續分析和比較；至於個案學習禪修正念對於身心靈健康的影響，以及對教學、研究和輔導及服務的影響，則採取主題連結分享，並作分析以及詮釋。

　　根據以上所述，本研究採取訪談研究的主要理由有三：

（一）研究主題考量

　　為更深入的瞭解禪修正念學習對於高等教育工作者的影響，透過研究參與者的深度訪談，呈現其禪修正念學習的生命回顧、省思、回饋，因此採用「訪談研究」的方法進行文本資料蒐集、分析、詮釋與分享。

（二）研究取向考量

　　本研究在方法論上選擇訪談研究法的依據，主要是想探究「禪修正念對從事高等教育工作者的影響」，鑒於禪修正念在教育界尚未被清楚討論，故本研究嘗試從研究參與者互為主體的深度訪談中，透過個案分享文本資料，進行同理分析和詮釋，希望能進一步瞭解高等教育工作者其內在的生命經驗與意義的實踐，同時可以讓讀者在此一其經驗分享中得到啟發或感動。

（三）研究對象考量

　　鑒於禪修正念的學習、體悟和實踐，屬於個人主觀的內在經驗，而訪談研究方法是探討真實生活問題的最佳選擇，因為人們天生就是說故

事和分享的高手，故事敘說為個人經驗提供了一致性和連貫性，我們如果想要瞭解和探索個人內在世界，透過敘說者對其生活和經驗的口語敘說與故事描述是最佳途徑（吳芝儀譯，2008）。

　　綜上說明，本研究採取以訪談研究法做為文本資料蒐集、分析、詮釋與分享的主要目的和依據。

四、深度訪談（in-depth interviewing）

Catherine、Gretchen 與 Rossman 指出，質性研究所使用文本資料蒐集方式，典型方法有四種（李政賢譯，2006）：

1. 參與（participation）
2. 觀察（observation）
3. 深度訪談（in-depth interviewing）
4. 資料檔案或文獻回顧（review of documents）

　　本研究考量研究目的和待答問題，文本資料蒐集主要採取對所選取個案以深度訪談方式，並佐以資料檔案和文獻回顧方式獲得。研究進路上採取以現象學為基礎的深度訪談，並以三階段式訪談系列的架構進行。

　　一般而言深度訪談的方式，可以分為三大類（李政賢譯，2006；齊力與林本炫，2005）：

1. 開放式訪談，亦稱為無結構式訪談。指研究者與訪談者如日常生活般閒談，在自然互動過程中，逐漸浮現問題，或得到研究所需要的資訊。
2. 半結構式訪談，亦稱半開訪放式訪談。由研究者提供一份提綱契領的訪談大綱，適時引導研究者與訪談者就研究主題或訪談

內容加以詢問或深入探索。但亦不侷限訪談大綱之內容，可由研究者視訪談情境和脈絡，適時詢問所透露隱而未顯的重要訊息。

3. 結構式訪談，所有研究所需要的問題，經過事先設計成訪談大綱，於訪談中視適當時機一一提出詢問訪談，積極和主動掌握受訪者之經驗和意見。

本研究考量研究目的和研究問題，研究者對於訪談者的背景和社會脈絡有一定程度之瞭解，加上為讓訪談者的生命故事能重現意義能被建構，爰採用半結構式訪談大綱。

Seidman 指出深度訪談的目的是想要認識和理解他人的生活經驗，特別是當事人賦予該經驗的意義。深度訪談與量化研究思惟不同，主要目的並不是立即要檢驗假說，也不是馬上要找到問題的答案，而是從旁協助與談者回溯重建他的經驗或情境脈絡，以及該經驗或情境脈絡底下的意義，這些是在訪談過程中自然而然流露出來。此外，Seidman 認為現象學訪談的目的，是要陳述若干個人共同分享的概念或現象的意義（李政賢譯，2006，2009）。

Seidman 提及以現象學為基礎的深度訪談，所採三階段式訪談方式和內容說明如次（李政賢譯，2009）：

第一階段訪談，聚焦於生命史（focused life history），讓與談者儘可能詳細說明與訪談主題有關的個人經驗（以本研究為例，如當事人何時開始接觸禪修？當時開始參與學習禪修的關鍵人物或事件？……等等）

第二階段訪談，著重在當事人經驗的細節（the details of experience），設法協助與談者回溯並重建個人經驗的的具體細節，例如當時發生什麼事情等細節（以本研究為例，如目前參加禪修活動或團

體的過程或禪修活動的內容為何？……等等）

　　第三階段訪談，強調反思經驗的意義（reflection on the meaning），請當事人仔細審視該經驗產生的細節，並作意義的反思，例如該事件或該活動有何特別的意義（以本研究為例，如訪談大綱中提問有關「您個人認為學習禪修前後有什麼改變？禪修正念對您的生活、工作或人生的意義為何？」。

　　上述訪談架構為本研究主要遵循的方向和參考，讓訪談適度的聚焦，並可順利達成訪談的目的。本研究依據前述現象學深度訪談原則，每位個案訪談二至三次，每次訪談時間為 60 分鐘至 90 分鐘。訪談次數則視訪談進行的實際情形或情境將三階段訪談重點融合在一次或二次訪談中，並將視訪談資料是否足夠獲充分滿足分析需要而定。此外，本研究為瞭解訪談計畫是否可行，並檢測訪談設計和訪談大綱內容是否適當，在論文提綱初試前完成一位個案（慈悲教授）的探索性研究（pilot study），並與指導教授檢討訪談文本內容，作為其後調整和修正訪談大綱的依據。

第二節　研究參與者

　　Flick 指出，質性研究不同於量化研究（隨機抽樣），而是刻意建立一群挑選的個案提供研究之用。訪談個案可以採取立意取樣及滾雪球方式（snowballing）選取所需個案與談者（張可婷譯，2010）。個案選擇思考三個方向：一、具代表性個案（the typical）；二、模範或足為表率個案（the exemplary or model），三、不尋常或是獨特個案（unusual or unique）（江吟梓與蘇文賢譯，2010）。本研究個案係以

立意取樣（purposeful sample）中的深度抽樣（intensity sampling）方式選取具代表性個案。立意取樣的目的是想找尋與研究主題相關且有豐富經驗之個案作深入的研究，而使用深度抽樣則是尋求該可以充分地代表該研究主題之個案（吳芝儀與李奉儒譯，1995）。

由於深度訪談的目的是要深入瞭解一個人的經驗與其意義，因此一般所認知的樣本代表性和類推可能性並不是最重要的考量（李政賢譯，2009）。至於個案數量的選擇，依據 Eisenhardt 指出，主要係取決於理論的相關度，一般而言以四到十個訪談個案數較為適當（蕭瑞麟，2007）。

另依據李政賢（譯）（2009）指出，深度訪談選取個案數，主要係考量基準有二：

1. 充足度（sufficiency）。意指選取個案能夠充分代表該場域或屬性範圍，同時滿足研究主題或研究目的所需。
2. 資訊飽和度（saturation of information）。指訪談個案過程中，訪談者所聽到的資訊在先前訪談中均已聽過，或文本分析資料，已能回答研究假設或待答問題，表示訪談資訊已達飽和，增加個案數對研究而言並無太大助益。

綜上說明，根據學術研究結果和標準以及本研究動機和目的設定，考量研究主題為高等教育工作者和禪修正念，因此個案須對此特殊主題和內容有深入瞭解，而且可以充分地代表該研究主題之個案，例如長時間持續參與禪修活動，另鑒於禪七活動是禪修正念重要體驗活動，因此與指導教授共同研議後，選取適合人選，受訪個案和研究者共同相關背景如下：

1. 目前均於禪宗的禪修道場精進用功，持續學習禪修正念十年以上。

2. 至少參加過二次以上精進禪修正念活動（連續八天七夜禪七活動）。

3. 目前仍持續於公私立大學從事教學研究工作，且擔任大學教師或教育行政工作。

4. 均曾經擔任大學導師、學生或教職員禪修社團顧問或指導經驗、全國性禪修相關學術社團負責人。

上述研究參與者的選取係透過研究者部分已熟識並符合研究目的之個案後，親自拜訪並徵詢其對此論文題目之研究目的看法，同時詢問其接受訪談意願，並再經由其引薦其他符合條件之個案，初期共選取 12 位個案數，其後經初步連絡和瞭解其相關基本背景資料並作篩檢並與指導教授討論後，最後選取 6 位作為擔任本研究共同參與者和受訪個案；此外，另選取其中一位（慈悲教授，代號 F）作為前導性研究（pilot study）訪談個案，根據訪談內容做初步分析後，與已蒐集文獻資料做對照，進一步作為修訂訪談大綱內容參考，其後並視資料和資訊飽和情形，適時作訪談次數和時間的增減。本研究在初步連絡並徵詢個案是否願意接受訪談過程中，個案們雖然教學研究工作忙碌，但都表示十分肯定並樂意參予此項研究，同時也表示十分願意分享其學習禪修正念的心路歷程。

六位研究參與者多年來均持續參加相關禪修正念相關課程或活動，禪修團體禪修課程包括初級、中級、高級及研經班等課程，每週上課二小時，至少三個月為一期。每次上課內容包括禮佛、拜懺、誦經、靜坐及佛法開示和經典研讀等，相關活動包括各種出坡作務和法會以及學生禪修社團等活動。

六位研究參與者在禪修班課中薰修的佛法義理內容簡述如次：

1. 初級班，以初級禪修教本為主，內容主要包括佛的意義、禪修

的方法、四聖諦和八正道以及十法界的義理。

2. 中級班，以中級禪修教本為主，內容主要包括慈悲觀、六波羅蜜和十二因緣的義理。

3. 高級班，以高級禪修教本為主，內容主要是研析禪宗等十宗（禪、淨、密、律、三論、天臺、法相、華嚴、成實、俱舍），主要的依據經典和祖師大德論述等。

4. 研經班，以經論研讀為主，主要以三經一論為主（《無常經》、《四十二章經》、《八大人覺經》以及《達摩二入四行觀》），以及禪宗主要經典如《金剛經》和《六祖壇經》等為主。

六位研究參與者的背景簡歷敘述如次：

一、菩提教授（代號 A）

菩提教授目前任教於國立大學，將禪修正念心得落實在教學、研究和服務工作當中，除了個人研究表現突出外，其指導學生在國際上的表現亦有很好的成績，在多次禪七活動當中亦深刻體悟因果、空性和心性的道理，亦將禪修正念學習所得分享給同仁和學生們，可謂自度和度他，積極致力於自利和利他均臻圓滿境界。

二、明心教授（代號 B）

明心教授目前亦任教於國立大學，教學研究十分投入，對於禪修正念的心性之理有相當深刻體悟，專長社會教育工作，亦積極投入環境和生態教育，曾經帶領全國性學術社團，對於時事和社會混淆價值觀，經常不計毀譽仗義執言。曾經擔任過系所主管職務後，但因學校業務需

要，甚至協助擔任行政組長職務，正如《金剛經》所云，無我相人相眾生相，在高等教育界鮮少有此先例，足見其是將修行落實於工作當中，而不只是研究佛學名相。

三、禪悅教授（代號 C）

禪悅教授目前在國立大學任教，擔任多年一級主管，很早就接觸禪修道場，對於禪七活動當中深刻體悟心性之理，並將禪修正念心得運用在行政領導統御當中，多年來為行政首長重用和肯定。行政服務和研究工作講求合作與人和，很早就升任教授職級，且不吝指導和協助新進教師，共同研究成果常不居功而讓其他研究同仁表現，因此十分獲得學校老師和行政同仁們的尊重和愛戴；此外，禪悅教授在擔任過一級主管後因任職系所需要，願意回頭擔任二級主管，此在高等教育界亦為少見，也是真正將禪修正念落實於工作和生命當中的修行典範。

四、喜捨教授（代號 D）

喜捨教授在私立大學任教，教學十分認真同時是位嚴格的老師，但仍深受學生們愛戴。雖然教學二十餘年但仍花許多時間在資料蒐集和備課上，幾乎將所有時間布施在學校教學工作以及帶領全國性學術和禪修社團。喜捨教授個人修行十分精進，除了每年寒暑假都會參加至少一次禪七活動外，每日早晚定課都很少間斷，可謂學習禪修正念的楷模。

五、法喜教授（代號 E）

　　法喜教授於私立大學任教是資深教授，亦曾擔任過學校一級主管，理路清晰，對於當前社會世風日下道德倫理淪喪情形，常不計毀譽，時有針貶之言。早年接觸禪宗道場後，即一路精進用功，同時多年來擔任學生禪修社團指導老師，接引許多學生接觸和學習禪修正念，進而影響學子其後一生志業。

六、慈悲教授（代號 F）

　　正如其代號暱稱，慈悲教授十分地慈悲，在國立大學任教，同時兼任繁忙專業行政職務，每次一級行政主管更迭都會請其繼續協助，因此目前擔任第三任（每任三年）行政職務，但仍樂在工作，教學、研究和服務輔導亦十分投入，同時多年來禪修正念的學習未曾間斷，也協助並擔任學校學生禪修社團顧問和指導老師。

第三節　研究工具

　　在質性研究方研究法中，研究者擔任最重要的資料分析者角色，因此本身就是研究工具之一，其次為降低研究者主觀因素所導致的偏誤，通常可行作法之一是邀請協同分析者或研究參與者，一起討論和進行文本資料的分析。此外，配合深度訪談研訂訪談同意書、訪談大綱、以及研究參與者檢核回饋單等，均為本研究之研究工具。茲分別說明如下：

一、研究者

（一）研究者學經歷背景

　　研究者歷任國立暨南國際大學人文學院、教育學院和管理學院院長秘書等教育行政工作職務達十年經驗，目前並擔任通識教育中心生死學概論教學工作。研究者先後於 1987 年獲取得經濟學碩士學位，並於 2011 年再取得生死學研究所生死教育諮商組碩士學位，目前為國立暨南國際大學教育政策與行政學系博士候選人。研究者近年於碩士班、博士班進修期間，修習與本研究主題相關科目如下：

1. 質性研究方法。
2. 質性研究方法論專題研究。
3. 人文學科研究方法。
4. 存在心理分析專題。
5. 諮商與心理治療技術專題。
6. 正念認知療法專題（MBCT）。
7. 佛教與心靈療癒專題。
8. 教育行政學專題研究。
9. 教育行政領導理論專題研究。
10. 教育研究方法論專題研究。
11. 教育決策理論專題研究。
12. 教育學術論文評析與寫作專題研究。

（二）研究者學習禪修正念的背景與經驗

1. 研究者具有十年以上持續在禪修團體學習禪修正念的經驗。
2. 曾經參加過十次以上禪七靜坐活動。
3. 曾經擔任國立大學學生禪修社團指導老師十年。

4. 國立暨南國際大學通識中心開設生死學概論課程。

5. 分別於 2011 及 2012 年參與英國牛津大學正念中心所認證，在臺灣舉辦正念認知（MBCT）初階和進階訓練課程結業。

（三）論文撰寫期間參與禪修正念相關學術會議和工作坊

為充實本研究論文內容和資料，以及與研究參與者作更多接觸觀察，因此在題目內容構思和撰寫過程中，除深度訪談外，亦先後共參加了 10 場次相關的研討會和工作坊及課程，包括：

1. 2013 年 3 月 7 日至 9 日參加於法鼓大學佛教學院所舉辦「2013 正念與慈悲禪定國際研討會」。

2. 2013 年 11 月 9 日於逢甲大學所舉辦「2013 年佛學與人生學術研討會」。

3. 2014 年 2 月 15 日於逢甲大學所舉辦「利他教育論壇」。

4. 2014 年 4 月 15 日於英國牛津大學正念中心（Oxford Mindfulness Centre）參加「Groups in Mindfulness-Based Teaching」workshop.

5. 2014 年 4 月 25 日於英國牛津大學正念中心（Oxford Mindfulness Centre）參加「Mindfulness in Higher Education」Symposium.

6. 2014 年 5 月 23 日於英國牛津大學正念中心（Oxford Mindfulness Centre）參加「The Breathworks Approach to Mindfulness for Chronic Pain, Illness & Stress」workshop.

7. 2014 年 6 月 28 日至 7 月 2 日於南華大學參加「助人專業正念進階五日工作坊」。

8. 2014 年 7 月 5 日中至 7 月 6 日參加中華民國中宗社所舉辦「生命教育論壇」。

9. 2014 年 10 月 12 日參加臺灣正念發展協會與和信治癌中心醫院主辦「正念發展在臺灣研討會」。

10. 2014 年 11 月 14 日至 11 月 16 日參加正念減壓（MBSR）創始
人喬‧卡巴金博士（Jon Kabat-Zinn）來臺親授「正念減壓三日
工作坊」。

參與上述相關研討會、論壇和課程，特別是前往英國牛津大學正念
中心參學，讓我更加肯定禪修正念不只是佛法的名詞，也不只是個人的
修行而已，更可以提升身心靈健康，進而運用到教育界利益學子們，所
謂己立而立人，己達而達人，不但利己更可以利他。

（四）研究者學習禪修正念的心路歷程

為同理並瞭解其他共同研究參與者學習禪修正念的心路歷程，爰先
就研究者個人學習禪修正念的心路歷程先予以說明如表 3-1。

表 3-1　研究者個人學習禪修正念的心路歷程

時期 項目	禪修社團 （1992-1997 年） 時期（一）	精舍禪修 （1998-2004 年） 時期（二）	大學任職迄今 （2004~） 時期（三）
重要事件 重要他人	1. 職務調動業務 主管接引，初 次接觸佛法。 2. 參加職員禪修 社團。 3. 開始正式學習 禪修靜坐。 4. 參加金融界禪 三活動。 5. 皈依成為正式 佛門弟子。	1. 禪修社團總幹事接 引，正式報名參加 精舍禪修班課程。 2. 假日往返臺北和埔 里，擔任禪修道場 義工。 3. 擔任職員禪修社團 總幹事和副社長。 4. 出坡作務修福修慧， 累積福德資糧。 5. 1998 年參加第一次 禪七活動。	1. 參與中小學籌備擔 任義工工作。 2. 持續參加精舍禪修 班。 3. 持續參加禪七活動。 4. 擔任大學學生禪修 社團指導老師和顧 問。 5. 英國牛津大學正念 中心參學。
重要體會 和心得	1. 體會禪坐對專 注和情緒管理 的好處。	1. 假日往返臺北和埔 里當義工，體會時 間和空間的假象。	1. 體悟生命的意義， 找到人生努力的方 向。

2. 學佛體會廣結善緣，仕途順利，亦體會無常（親眷老病死苦）。 3. 禪三心得——拂曉聲聲鐘，敲醒吾人塵世夢；暮鼓頻頻催，此生不度待何世。	2. 參加第一次禪七，體會這一念心及心性的道理。 3. 體會無常（921 地震示現） 4. 體會福德、教理和禪定三環一體的義理。	2. 體會因緣果報的道理。 3. 體會緣起性空的道理。 4. 體會心性和覺性本具。 5. 持續聽經聞法，在理上契悟事上磨練。 6. 接觸西方正念，體會方便有多門，歸元無二路。禪修正念不只是佛法的名詞，和個人的修行而已，更可以提升身心靈健康，進而運用到教育界利益學子們。

二、同儕檢核

　　質性研究的分析中很難避免研究者本身個人的主觀認知，因此在過程中研究者要不斷地自我省思和批判；另為增加資料分析和詮釋的共識和一致性，方法之一是透過同儕檢核擔任「諍友」（王文科與王智弘，2010）；本研究主要資料分析工作由研究者本身擔任，為使資料分析更具客觀性，減少因研究者本身主觀因素偏誤，因此邀請二位與本研究主題相關並於大學任教心理諮商以及教育心理學相關課程教師（其中一位未有禪修經驗但有興趣），在研究者初步文本資料分析詮釋後，相互討論並提供修正建議。

三、共同研究參與者檢證分析

本研究文本分析包括個別生命故事史中人物敘事寫真，以及各主題連結內容的分析詮釋，最後也邀請所有共同研究參與者分別檢視和討論，儘量減少因研究者主觀因素所導致的理解偏差。本研究文本資料分析詮釋初稿完成後，分別請所有共同研究參與者確認，其中有三位提供部分修正建議，並依建議意見完成修正，共同研究參與回饋內容如表3-2。

四、訪談大綱

一般而言深度訪談的方式，可以分為（一）開放式訪談；（二）半結構式訪談；結構式訪談（李政賢譯，2006；齊力與林本炫，2005）。本研究考量研究目的和研究問題，研究者對於訪談者的背景和社會脈絡有一定程度之瞭解，加上為讓訪談者的生命故事能重現意義和被建構，爰採用半結構式訪談大綱進行訪談。另搭配現象學為基礎的三階段式深度訪談需要，將視個案敘說故事的情節發展，適時採開放式提問，在互為主體的考量下，當研究參與者自我敘說中出現重要訊息時，會先記錄下來，俟其完整敘說告一段落時，適時提問或追問，或者記錄下來列入下次訪談大綱的題目，原則是要讓個案在自然互動過程當中真情流露並逐漸浮現問題，或得到研究待答問題所需要的資訊。

五、其他相關研究工具

本研究的研究工具除了運用同儕檢核、訪談大綱、訪談者檢核回饋單等，尚包括訪談同意書等。

第四節　資料處理與分析

蕭瑞麟（2007）指出，質性研究中利用田野調查或訪談所獲得的資料，一般而言可分為三個種類，包括：

1. 表徵性資料（presentational data）：指所獲得受訪者主觀的說法或意見。

   例如本研究案深度訪談所獲得逐字稿文本資料，其中紀錄受訪者的說法或想法。

2. 操作性資料（operational data）：指觀察受訪者活動所獲得的資訊。

   例如研究者親自至受訪者參與活動的現場，從旁觀察紀錄受訪者的資料。

3. 釋性資料（interpretation data）：指研究者對受訪者的說法或意見所給予的詮釋，此一部分通常要配合理論會更具說服力。

Seidman 認為訪談資料的分析方式較適合的有二種（李政賢譯，2009），包括：

1. 人物敘事寫真（narrative profile），係以訪談之逐字稿為基礎，描繪出與談者真實故事情節，並將之分門別類，亦可多利用圖示、表格或極短篇剪影等，可以方便後續分析和詮釋。

2. 主題連結（thematic connection），係將訪談之逐字稿中，找出重點段落並予以標註標籤（labeling），再放入適合的範疇屬性中分類，最後再找出各種的主題連結。

另 Lichtman 認為資料分析的主要目的，是希望從文本中找到有意義的概念，因此他提出三 C 的分析進程如圖 3-2：

根據上述說明，本研究在資料處理部分，參考 Seidman 的人物敘事

寫真以及主題連結架構為主，並參考Lichtman的三C文本分析的進程，將訪談所獲得的文本資料，經過閱讀和分析，進而詮釋文本資料所蘊含的意義以及當事人賦予的意義。此外，在資料分析部分，以人物敘事寫真方式，探索個案故事內容脈絡以及描繪個案學習禪修的心路歷程。另外，將以主題連結概念，先從訪談之逐字稿中，分辨出不同敘說片段。依據研究目的和待答問題，於各段落中找出與待答問題有關的重點，予以標註編碼，再放入適合的範疇屬性中予以分類，同時比較不同個案間相似的敘說故事內容，最後將文本資料透過閱讀分析和詮釋結果，與當前高等教育工作者所處教育工作場域相互呼應。

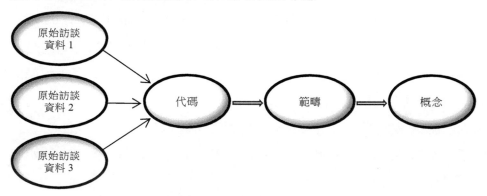

圖 3-2　三 C 的文本分析進程

資料來源：江吟梓、蘇文賢（譯）（2010）。M. Lichtman 著。《教育質性研究：實用指南》。臺北：學富文化，P.320。

一、本研究資料的取得和處理

　　本研究資料分析的文本，係透過訪談共同研究參與者而得。由於受訪者均於大學任教，因此主要利用寒暑假期間進行訪談工作。前導性研究訪談慈悲教授（代號 F）係於 2013 年 6 月間進行，其餘共同研究參與

者訪談，則陸續於 2013 年及 2014 年寒、暑假期間進行，平均每位每次訪談時間約 78 分鐘，每位至少訪談二次。訪談後錄音檔則立即交由專人協助謄錄訪談的逐字稿，研究者則專心於謄錄完成後一再重聽錄音檔，以訪談情境記憶修正可能的錯誤，或補充訪談敘說速度過快的漏字，或是研究者就當時情境補充內容，以括號（…）內文字表示補充說明。○○○（…）則為保護當事人隱去原人名或單位，括號（A 教授的同學）內文字係補充說明以利讀者閱讀；「……」表示省略原訪談文字；非口語訊息紀錄如…《喜悅的笑》，表示研究參與者當時之情境；「...」表示兩句中間停頓。訪談內容則係按順序編碼，並於句子結束後註明錄音截止時間，例如（01:05）表示錄音時間迄止於 01 分 05 秒，方便研究者再作文本資料分析時快速重聽內容。至於編碼的方式則是是一段對話一個代碼，由五個英文字母和數字共同組成，英文字母代表研究參與者代號，其次是第幾次訪談中的第幾句回答。例如 A1001，則表示受訪談 A 教授第一次訪談的第一句回答；B2003，則表示受訪談 B 教授第二次訪談的第三句回答。當完成所有文本句子編號之後，即開始進入資料分析階段。

二、本研究資料的分析

本研究資料的分析進程，主要參考李政賢（2009）訪談文本資料分析兩個主要方式，包括人物敘事寫真以及主題連結分享，作文本分析和詮釋（訪談文本資料分析架構如附錄三）；另參考圖 3-2 三 C 的文本分析進程進行，文本資料編碼及範疇概念歸納分析（以菩提教授 A 為例）如下範例所示。首先訪談逐字稿之文本資料反覆閱讀後，將每段文句先作較大範圍的分類編碼（例如：A-心路歷程；H-身心靈健康……

等）；其次再進行範疇分類編碼（例如：N1-表第一時期相關；C-M 表與佛法體悟相關……等）；最後每段文句再分別找出 1 至 3 個主要概念；文本範疇和概念的分類、歸納則是利用 Microsoft Excel 試算表中的資料排序和篩選功能作為分析的輔助工具。相關編碼、範疇和概念如下範例所示。

A-心路歷程（學佛因緣）

H-身心靈健康

M-佛法體悟

T-教學

R-研究

S-輔導

L-服務(行政領導)

N-人物敘事寫真

(N1-表第一時期相關)；(N2-表第二時期相關)；(N3-表第三時期相關)

C-主題連結

(C-H 表與身心靈健康相關)；(C-M 表與佛法體悟相關)；(C-T 表與教學相關)；

(C-R 表與研究相關)；(C-S 表與輔導相關)；(C-L 表與服務相關)

文本別	代碼別	範疇別 1	範疇別 2	概念 1	概念 2	概念 3
A1006	A	N2		學佛因緣	睡眠品質	靜坐
A1012	A	N1		學佛因緣	善知識接引	念佛
A1030	A	N3		禪修課程	禪七	反覆練習
A1037	H	C-H		靜坐	誦經	睡眠品質
A1039	S	C-S	C-M	因果	轉念	
A1047	R	C-R	C-M	升等	隨緣	緣起性空
A2004	H	C-H		靜坐	數息	睡眠品質
A2012	T	C-T	C-M	覺察	同理心	心性
A2054	H	C-H	C-M	轉念	覺性	反覆練習
A2061	A	N3		吃素	慈悲心	檢討反省

本研究的文本資料依據研究目的和待答問題，利用上述資料排序和篩選功能進行分析，每節最後再作綜合的討論，並與國內外文獻研究結果相互比較和對話。

第五節　研究信效度檢核

量化研究主要目的是找出變數以及分析變數之間的因果關係，而質性研究的價則在瞭解個案（人）所處的情境以及其在情境中的內涵；因此，相對於量化研究的信效度檢核，蕭瑞麟（2007）指出質性研究嚴謹度評量的尺度和量化研究信效度衡量標準有所不同，質性研究重視的是對個案現象傳神的詮釋、合理的推論以及具有批判的精神。亦即一個成功的質性個案研究，必須具備有真實故事的情境，加上研究者合理的推理，最後還要深度的批判和省思。

蕭瑞麟（2007）指出質性研究檢核和強調的三種尺度分別為：

1. 真實度（authenticity）：指研究和個案必須是真實，而且要讓讀者感受到其真實度。
2. 合理度（plausibility）：指對個案和案情的描述和分析要合情合理，同時要能夠順理成章。
3. 批判度（criticality）：研究者要能夠透過反思和批判，讓個案深層的意涵顯現出來。

此外，Kvale 認為，研究的信度與研究發現的一致性和可信度有關，以同一受訪者而言，不同時間訪談是否有不同的反應或答案，亦是檢驗信度的方式之一；另外效度則可透過檢核和詢問等方式達成（陳育含譯，2010）。

　　綜上說明，本研究在研究信度（可信賴度-trustworthiness）及效度方面，主要係透過下列方式檢視達成：

一、研究信度

　　（一）本研究為使資料分析更具客觀性，減少因研究者個人主觀因素影響研究參與者文本資料分析和詮釋，邀請二位與本研究主題相關專長者（包括任教心理諮商和教育心理學教師，其中一位有禪修經驗，另一位無禪修經驗但對禪修有興趣）做同儕檢核，就研究者文本資料分析和詮釋內容，協助檢視是否允當，減少研究者因主觀因素所導致的理解偏差。在外部檢核部分，邀請兩位精通佛法義理的法師，在佛法義理和知見部分給予指導和修正；另本研究進行過程中亦曾於 2013 年 11 月 9 日於逢甲大學所舉辦「2013 年佛學與人生學術研討會」當中提出發表，透過與會專家學者和同儕第三者共同檢視，提供許多寶貴修正和建議意見。此外，研究者亦透過網際網路蒐集六位共同研究參與者的教學、研究和輔導及服務的相關表現作為佐證參考資料。

　　（二）訪談、分析和詮釋過程，透過研究者和受訪者相互主體（intersubjectivity）的理解，形成相互認可的結果。在處理交互主觀問題的方法，以透過訪談過程中，研究者隨時檢討反省，是否為受訪者的主觀想法所引導；研究者同時也要反思本身是否為先入為主的想法所影響，此外，亦與受訪者再次確認文本所述內容吻合度。

　　（三）研究參與者檢核回饋單

　　本研究為增加訪談研究內容的可信賴度（trustworthiness），並為瞭解分析內容與相關受訪者所想表達的意思是否貼近，設計研究參與者檢核回饋單，由受訪者本身就其所敘說內容和研究者所詮釋分析內容加

以檢核，同時提出回饋或修正的建議。經彙整六位共同研究參與者檢核
回饋內容如表 3-2：

表 3-2　六位共同研究參與者檢核回饋表

研究參與者 暱稱代號	分析內容 符合程度	閱讀完研究者分 析的內容後，我 的感受或想法	本研究我想回饋 或修正的建議
菩提教授 (A)	由於主觀意識，質性分析本來就不容易，加上語言詮釋差異，每個人成長背景差異、專業知識不同，本就難以如實呈現受訪者意涵。透過語言詮釋，口耳相傳，中間會有相當程度落差。然此次訪談內容以修行學佛經驗為主，此皆是生活上實際經驗及成長分享，分析內容與訪談者要表達意涵相符，95%表達出受訪者擬表達意義。	修行學佛漫長路、點滴過程在心頭、初心不忘隨時覺、花落花紅只這個。	內容豐富，分析者花了很多時間訪談，分析統整，並將資料與經典內容互相呼應。由於分析者平日在道場中用功，努力，隨時檢驗自己心念，懺悔檢討，隨時保持心境坦然。加上帶領學生佛學社團經驗，能將佛法內涵落實在生活上，對於人際關係，待人處事自有一番體驗。並曾參加西方正念課程，學習科學務實精神及學術邏輯訓練，對於質性分析自有一定客觀立場。
明心教授 (B)	90-95%。	研究者對於探討的主題很用心思惟並且建立了歷程分析的架構，	可以將正念的內涵於： (1)教學的教育實踐 (2)學術的專業實踐

			對於個人的正念實踐確實提供省思的空間。	(3)服務的社會實踐三個層面做理念的詮釋，也就是從這三個面向探討正念的理念，再透過個案的訪談，探討正念於這三個面向的實踐內涵，進而從理念與實踐的對話回應正念的核心意義。 訪談內容有多個段落內容重複出現，建議改寫其中一段或修正，或是以研究者的角度詮釋其中的內容，避免重複出現受訪者的話語。（已依建議意見修正）。
禪悅教授 (C)	95%		我感受到研究者分析的內容相當深入，很用心。	訪談文本文字修正的建議如紅字所示，敬請參考。（已依建議意見修正）。
喜捨教授 (D)	95%		此論文作者非常用心，將訪談內容的重點都能一一點出，難能可貴。也希望這些訪談分析，能有助於國人更加重視傳統的家珍，發揚自己本有的文化。	因訪談時，談話較為隨意，可能比較沒有注意到文法結構，轉成文字後，可能需稍加潤飾，變成較為流暢的口語。（已依建議將非必要文字刪除）。

法喜教授 (E)	100%	依止大善知識所修習的禪修方法與基於正知見所生之正念對於從事高等教育工作者具有極重要之意義，因為在世間知識的傳遞上，至少可以降低一些不正確之知見可能產生之影響。	研究者使用實證研究方法分析並綜合歸納禪修與正念對於從事高等教育工作者之影響，對於覺性之妙用具有闡明之作用。
慈悲教授 (F)	98%	研究者忠實的反映出個人的訪談內容，並加以整理、剖析。透過與六位教授的訪談，從實證的角度，探討禪修正念對教學、研究、服務、輔導等面向之影響，進行交叉比對，探討異同之處，並歸結出近乎一般性之結論，同時更以文獻佐證，個人相信此研究結果應頗具參考價值。 學佛這條路十分漫長，個人因為所學有限、體會有限，在此僅反映出個人禪修過程中的一點點體會，透過研究者的分析，讓我能有這個機會回顧與省思自己的學佛歷程。	沒有修正建議。

二、研究效度

本研究在研究效度方面，則透過下列方式檢視達成：

（一）以三階段式訪談結構，讓受訪者的說詞放到整個情境脈絡之中，並檢視受訪者前後說詞和結果是否具內部一致性。

（二）將透過所選取的多位受訪者之訪談文本資料，加以分析和對照比較，檢視個案之間是否具有類似的說詞。

（三）將透過與受訪者之深度訪談，瞭解其如何看待個人生活經驗，亦即受訪者如何賦予該經驗意義，如果受訪者可以言之成理，同時也讓研究者可以聽得頭頭是道，這也是檢視是否具有效度的可能方法之一。

第六節　研究倫理

依據多位學者歸納研究倫理須注意的重點和項目（李政賢譯，2006，2009；林佳瑩與徐富珍譯，2004；張可婷譯，2010；張芬芬譯，2005），訂定本研究所採行研究倫理規範的方式和內容如次：

一、自願參加（尊重個人）

本研究在選取個案後，研究者親自邀請受訪者參與本項研究和接受訪談，在徵得受訪者同意後始進行訪談，因此充分尊重當事人是否共同參與研究和接受訪談的意願。

二、知情同意書

　　一般而言知情同意書須包括研究的主要內容、目的、方式、時間長度與研究者身分。本研究訪談同意書中即已載明研究者身分、研究內容、研究目的、研究方式、訪談時間、受訪者權利和保密措施等，茲說明如次：

（一）說明研究者目前就讀於國立暨南國際大學教育政策與行政學系博士班，研究主題為「禪修正念對從事高等教育工作者影響之研究」，並由國立暨南國際大學教育學院楊振昇教授兼院長擔任指導教授。

（二）說明本研究希望藉由質性研究中的訪談研究法，瞭解禪修正念學習對於從事高等教育工作者的影響。衷心期盼透過受訪者的經驗述說與分享，瞭解其在大學從事教學研究和服務，乃至於教育行政領導上，禪修正念學習對受訪者的影響和助益。

（三）說明本研究依資料蒐集程度將進行二至三次的訪談，訪談時間每次約 60 至 90 分鐘。因資料分析所需要，訪談過程將全程錄音。訪談地點以受訪者方便及意願作為考量，考量錄音品質，希望能在較安靜、不受干擾的空間進行訪談。

（四）說明研究可能造成個人困擾時的處理方式。本研究訪談同意書中說明，訪談過程中可能會涉受訪者的生活層面，若其中有任何讓受訪者有不舒服或難過的感覺，可隨時提出要求結束訪談，或暫緩訪談進行，研究者皆尊重受訪者的決定與選擇，並請受訪者隨時表達的感受。

（五）說明參與訪談者的權利，包括以下幾項：

1. 自願參加退出訪談的權利。本研究訪談同意書中，說明和告知受訪者可隨時提出要求結束訪談，如須暫緩訪談進行，研究者皆會尊重其決定與選擇。

2. 審閱和刪除或修正訪談資料的權利。研究者將訪談內容謄寫成逐字稿後，將會請受訪者過目檢核，同時亦有權刪除或修正不妥的部分。

（六）說明本研究可能的獲益。例如本研究訪談同意書中說明，因為受訪者的參與分享，讓學術上對於「禪修正念學習對從事高等教育工作者影響」有更深一層的瞭解。受訪者在分享禪修正念學習與生命經驗的同時，期望共同激盪出新的體認，將禪修正念與學術進一步結合，同時也將研究結果和受訪者的寶貴經驗分享給其他目前從事高等教育工作者。

（七）說明訪談資料的保密措施和作為。訪談同意書中載明受訪者所提供的訪談或書面資料，僅供本研究論文做學術的分析與討論，相關學術研究結果包括學術論文以及未來如有公開發表的機會，如研討會發表、期刊或專書出版等，研究者一定會將受訪者的資料保密，另文中提及所有其他真實姓名或機關（構）的部分，也將全部以代號匿名方式作處理後才發表。此外錄音資料將於論文完成後全部銷毀，或交由受訪者個人保管留存。

（八）說明未來研究成果可能的流通。本研究訪談同意書中表明，相關學術研究結果將可能用於學術論文、研討會發表、期刊或專書出版等，研究者同時會將資料作保密和匿名方式處理後發表。

前述倫理規範均已納入本研究的訪談同意書內容中，未來將再研究過程中確實遵循，並將作研究歷程反思，隨時作檢討和自我省思。

第貳篇

體現與實踐部分

第四章　實證研究資料分析與討論

「半畝方塘一鑑開，天光雲影共徘徊；
問渠哪能清如許？為有源頭活水來。」
---宋・朱熹---

　　本章根據研究目的，依訪談文本資料加以反覆閱讀分析和詮釋結果，並與國內外文獻作驗證與討論。本章共分三節，第一節首先依個案接觸學習禪修正念生命故事史之時間序方式，探討六位高等教育工作者學習禪修正念的心路歷程，以及其重要轉化階段和過程；第二節為說明禪修正念對高等教育工作者身心靈健康的影響歷程；第三節則分析個人禪修正念對於從事教學、研究、輔導及服務工作的影響歷程。

第一節　六位高等教育工作者學習禪修正念的心路歷程

「橫看成嶺側成峰，遠近高低各不同；
不識廬山真面目，只緣身在此山中。」
「廬山煙雨浙江潮，未到千般恨不消；
到得還來別無事，廬山煙雨浙江潮。」
「溪聲盡是廣長舌，山色無非清淨身；
夜來八萬四千偈，他日如何舉似人？」
---宋・蘇東坡---

　　宋朝大文豪蘇東坡，大家都十分景仰其在文學上的造詣，而其在佛法禪修中的體悟，尤其為人所樂道，特別是其與佛印和尚亦師亦友的許多故事，例如：「八風[1]吹不動，一屁打過江」公案，流傳給後人許多啟示；其中蘇東坡膾炙人口大家耳熟能詳的詩偈：「稽首天中天，毫光照大千，八風吹不動，端坐紫金蓮」，當其體悟寫成詩偈後，信心滿滿遣僕人送請佛印和尚鑑可，佛印和尚回信只寫一個「屁」，就讓蘇東坡氣呼呼，簡單的一個「屁」字就忍不住打過江去理論，讓後人思及不禁莞爾。禪修學佛是一個人多年乃至於一生和生生世世的功課。本章第一節將六位高等教育工作者的學習禪修正念的心路歷程，藉用蘇東坡在禪修學佛三個不同時期的體悟，如其前揭三個時期的詩偈（見山是山；見山不是山；見山只是山[2]），將每位研究參與者學習禪修正念的心路歷程，從其接觸和學習禪修的生命故事史作人物敘事寫真，並以時間序概略分為三個時期（分為接觸學習、體會領悟和實踐運用，如圖 4-1）分別敘述（節略如表 4-1；4-3；4-5；4-7；4-9；4-11）；另從每位高等教育工作者學習禪修心路歷程中，再分別為其找出三個時期中最重要的心靈轉化階段（節略如表 4-2；4-4；4-6；4-8；4-10；4-12）。

---

[1] 又作八法、八世風。謂此八法，為世間所愛所憎，能煽動人心，故以風為喻，稱為八風。苟心所有主，安住正法，不為愛憎所惑亂，則不為八風所能動。八風，即：（一）利。（二）衰。（三）毀。（四）譽。（五）稱。（六）譏。（七）苦。（八）樂。錄自《佛光大辭典》，p29。

[2] 青原惟信禪師偈：「老僧三十年前未參禪時，見山是山，見水是水。及至後來，親見知識，有個入處，見山不是山，見水不是水。而今得個休歇處，依前見山只是山，見水只是水。」錄自《五燈會元》卷十七。

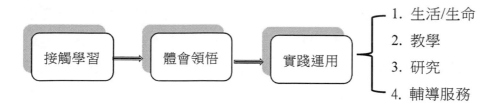

圖 4-1　共同研究參與者學習禪修正念的心路歷程分析

壹、菩提教授的故事

菩提教授目前任教於國立大學，學術專長領域是自然科學，早年大學畢業後即出國赴美留學，歸國後就在大學擔任教職，目前教學年資有 18 年之久，而其在美國留學期間即參加許多禪修相關的活動，因此禪修正念學習累積有 20 年經驗；訪談當中得知菩提教授雖然很忙，但是每年寒暑假都會特別騰出時間，至少參加一次八天七夜的禪七；據其記憶所及，參加過禪七的活動大概有 30 次以上，可謂是學禪的老參。

菩提教授回憶起他會接觸學習禪修正念的因緣時談到，雖然他年輕時是學習理工領域，但個人有蠻濃厚的儒家的一些想法，雖然當時對於儒家的經典內容沒有很深入的了解，但等到後來接觸佛法之後，就很清楚明白儒家在講甚麼東西；所以菩提教授提到早年對於儒學的喜好也算是入佛門的一個因緣。此外，菩提教授回憶起大學求學時期，因為學長的邀請參加當時大專青年的一個齋戒學會活動，第一次接觸念佛法門的大善知識，也因此種下他在嗣後繼續學習禪修和追尋生命真理的菩提種子。

菩提教授談到大學畢業後，即負笈遠赴美國進修，由於先前對儒學的喜好和佛法的初接觸，因此在美國即使禪修道場不多而且地點很遠，

常常開車就要花上六、七個小時的情況下，仍積極尋找道場想進一步用功，留學期間先後接觸波士頓普賢講堂和紐約莊嚴寺的禪修和佛七的活動；該期間也因為當時學佛的學長帶領下，開始學習靜坐改善了自己睡眠品質問題，同時在聽過多次不同道場法師開示後，深深覺得要在禪修正念和佛法上作更深入的探究和學習。

　　菩提教授學成歸國後即在大學中任教，初期在學校因為要教書、做實驗和寫論文無暇去找道場參加禪修，後來在暑假時第一次報名參加禪七的活動，初次體會到禪悅法喜的感覺，而且在禪堂聆聽大善知識開示後，深刻體會到佛法與儒家思想的融通，其後陸續打完二次禪七以後，就主動到精舍報名禪修課程；從此菩提教授持續參加同一個道場禪修課程和禪七活動，一直到現在未嘗間斷。菩提教授在多次禪七活動當中對於因果、空性和心性的道理有很深刻體悟，同時也將禪修正念學習所得不吝分享給同仁和學生們，並將禪修正念心得落實在工作和生活當中。菩提教授除了個人研究表現突出外，其指導學生在國際上亦有很好表現成績，學習禪修正念多年來持續積極致力於自利和利他的菩薩行誼，稱得上是學習禪修正念的善知識和模範。

　　上述菩提教授學習禪修正念的心路歷程故事，茲彙整為三個時期分析如表 4-1：

表 4-1　菩提教授學習禪修正念的三個時期

時期 項目	大學就讀求學期間時期（一）	國外求學工作期間時期（二）	回國任教大學迄今期間時期（三）
階段	接觸學習	體會領悟	實踐運用
重要事件 重要他人	善知識接引 1. 大學學長接引參加○○寺活動。	1. 美國普賢講堂，紐約州莊嚴寺，接觸禪修靜坐。 2. 參加莊嚴寺○○老	1. 回國任教後先參加兩次禪七的活動後，正式參加精舍的禪修班。

	2. ○○寺○○老和尚。	和尚主持佛七。 3. 參加莊嚴寺○○大和尚禪七開示。 4. 聆聽法師錄音帶開示。	2. 第一次參加禪七的活動，深刻體會快樂、愉悅，禪悅法喜的感覺。 3. 持續參加精舍禪修課程及禪七活動。 4. 帶領全國性禪修團體及相關活動。 5. 與利他教育論壇等推動佛法教育化、學術化活動。
重要體會和心得	念佛法門體會種下其後學習禪修和真理追尋的菩提種子。	1. 學長接引透過禪修靜坐，改善睡眠品質問題。 2. 體會佛法的奧妙值得更深入的探究和學習。	1. 儒家思想與佛法相互融通。 2. 體會因果的道理。 3. 體會空性的道理。 4. 體會中道實相心性的道理。

　　茲將菩提教授學習禪修正念的三個時期以及心靈轉化的重要階段，其中重要他人、事件和體會分析詮釋如下：

一、大學就讀求學期間（接觸學習時期）

　　菩提教授提到，會接觸佛法和學習禪修正念，可以溯自大學時期，因為學長的接引參加道場活動，初次接觸念佛法門大善知識，也因此種下未來學習禪修和追尋生命真理的菩提種子。

（一）善知識接引參加道場活動

> 嗯……會有這個念頭（學佛），應該是因為我大學的時候就有參
> 加過齋戒協會，就是以前在魚池○○寺（A1010）。……，他
> （指法師）有個齋戒協會，他（法師）都會到學校裡面去演講，
> 那時候接觸過這麼一次的機會，……，有一次到魚池的○○寺參
> 加活動，……（A1011）。

（二）念佛法門種下禪修的菩提種子

> ……我記得應該是中秋節的一個長假期，然後跟著學長他們，到
> 魚池那邊去掛單一個晚上，我印象很深刻那天掛單之前我們就在
> 那邊做晚課，這個道場是淨土宗的道場，我們在那邊唸佛繞
> 佛，……，我到現在都還印象很深刻，在從魚池搭車要往埔里的
> 時候，坐在車上突然之間阿彌陀佛佛號啊，一直出來一直出
> 來……，你也不用做任何（思惟），它就這樣阿彌陀佛、阿彌陀
> 佛，就一直一直出來……，大概前幾年我才回想以前我有這種經
> 驗，很特別的一個這種經驗，那種經驗好像把以前的種子把它引
> 出來（A1012）。

二、國外求學工作階段（體會領悟時期）

　　菩提教授談到他在海外求學就業期間，由於先前佛法的接觸和薰
修，因此希望尋找道場進一步用功，先後參加波士頓普賢講堂和紐約莊

嚴寺的禪修和佛七的活動。因緣際會下學長帶領學習禪修靜坐，也改善自己睡眠品質問題。在多次聽過不同道場法師錄音帶開示後，以及參加正式一次佛七後頗有領悟，深覺佛法的奧妙，值得更深入的探究和學習。

（一）海外求學就業尋找道場，學長接引透過禪修靜坐，改善睡眠品質問題

> ……我印象中大概是 1993 年的時候，有接觸到一個講堂，就是普賢講堂，在波士頓，……，他們邀請不同的人，來教禪修的一些方法，那是一個十方道場，不像這個寺院一樣，有因緣的不管是法師啦或是一些有經驗的人就邀請他們來，所以我們那時候基本上每個禮拜都有一些活動在這個地方(A1002)。

> ……然後有的時候會到……這個莊嚴寺。莊嚴寺在紐約州，會到那邊參加一些活動(A1003)。紐約莊嚴寺是沈家楨居士創立的一個道場(A1004)。……他是比較早一點把佛法介紹給西方的人，然後從那時候開始就一直都有接觸這一方面，我印象很深刻是博士班剛畢業的時候，好像是有睡眠這一方面的問題(A1005)。……

> 那個時候就是我剛講說普賢講堂比較資深的學長，他就說我來教你靜坐，教我盤腿的這些方法，我試了他的方法之後，我發現到那個效果很好，那一天睡覺的品質就很明顯變得比較好，那我就相信說這個(靜坐)真的可能是一個方法，值得再深入去探討，這是一個很簡單的源起(A1006)。

（二）初初接觸大善知識開示，體會佛法的奧妙和殊勝之處

> ……我大概是在 1993 年的時候接觸佛法，……，那時候也聽了一些錄音帶，……，他們有些人會去參加這些活動，他們會錄音，然後把那個錄音帶就帶到(講堂)……(A1007)。對！share 到普賢講堂，然後在那邊大家就會去借來聽，第一次聽到……這個開示就很高興，你會發現到這個真的裡面有一些東西是我們所不了解的……(A1008)。

> ……，我還有參加過莊嚴寺的那次佛七[3]，那是我第一次真正七天的時間，參加這樣一個活動，那時候很殊勝，你會發現到他們大修行人真的是有不可思議的這個(能力)，……，就是在莊嚴寺打佛七的七天當中，大概就是說在○○○（法師）開示的那個時間，我只要在想甚麼東西，他就開示到我要的一個答案，所以你是很難想像……(A1015)。

三、回國任教大學迄今階段（實踐運用時期）

　　菩提教授提到，學成歸國在大學任教時，在參加第一次禪七時，初次體會禪悅法喜的感覺，在禪堂聆聽大善知識開示後，領悟到佛法與儒家思想是相互融通。其後打完二次禪七以後，主動到精舍報名禪修課程；體會到宇宙人生的真理要透過禪修向自己內心探索，而佛法、空性

---

[3] 佛七，指專以稱念阿彌陀佛之名號為主，為期七天之修持法會。修淨土宗者，常集眾限期念佛，或一七日，或多七日，以收剋期取證之效，是為佛七；於精進佛七期中，以專一念佛，俾得一心不亂為宗旨。錄自《佛光大辭典》，p5885。

和中道實相的義理值得一輩子去追求；直覺禪修和禪七的活動是生命當中重要的一部分，學習禪修正念過程因體會佛法慈悲和因果及心性的義理，逐漸由葷食改為茹素，其後菩提教授持續參加禪修課程和禪七活動，一直到現在未嘗間斷，同時也將禪修心得運用在教育工作上。

（一）初次參加禪七法喜充滿，體會儒學與佛學相通之處

> 我第一次禪七的時候有一個特別的經驗，……，有很奇妙的感覺，那種感覺，就是你會有一股不知道怎麼說的那種愉悅，那種快樂就上來，腦筋裡面就很清楚。那種經驗持續了大概十幾分鐘，你突然間腦筋就很清楚，然後腦筋也沒甚麼雜念，就是很快樂啊！就是很高興啊！就是一個很……很圓滿的一個狀態，……（A1031）。

> ……我覺得我個人有蠻濃厚儒家的想法，儒家的這些……根深蒂固（的想法），……，尤其是高中念了一些中國文化基本教材的內容，雖然說那個時候內容不太了解它真正的意涵是甚麼，但至少文字相的那個內容，都是教我們這方面的道理，人世間的這種道理，……，等到我接觸佛法之後，再回過頭從佛法來看儒家的東西，那是很清清楚楚明明白白，很清楚儒家在講甚麼東西（A1048）。比如說我們大家都讀這個《大學》，大學之道·在明明德，在親民，在止於至善，……，去打禪七大和尚一開示就懂了，你就不用講太多，你就知道「大學之道，在明明德，在親民，在止於至善」，……，你就知道真正的道理是甚麼，但是其實那個地方還是有很多很深的那種禪修的內容，……（A1049）。

（二）透過禪修體悟宇宙的真理要向內探索，佛法的真理值得一輩子追求

……那我就從禪修的這個地方去切入，它應該是正確的，……，它絕對是要往內由自己去問自己，要怎麼去達到那種比如說我們講無住的「住」，從那個地方你才能把事情看得比較清楚，那這個東西它又跟目前的科學發展不會互相違背。……，對！但是一定會有一個終極的或是說大家都可以認同的真理，那個真理我想應該是從自己的內心裡面去找，從那個地方去探索(A1075)。

禪修正念的意義，應該是去認識、去了解、去體驗宇宙人生的道理，……這個道理其實講起來就我們講到三個……這個概念，因果關係，……空性的智慧跟中道實相的道理；這三個東西如果說你很了解它真正意涵的時候，其實這個就是宇宙人生的道理，……發現到這個是人一輩子真的是值得去追求的目標(A1070-1)。

（三）多年持續參加禪修和禪七活動，廣行自利利他菩薩行誼

我不太知道真正的那個動機要怎麼去描述，但我就覺得那個好像是必須的，必須要去做的一件事情，也沒有很明顯的說一定要去，但是就直覺，就是說精舍禪修跟禪七活動很重要。所以每年我都會固定去做，去參加這樣子一個活動(A1030)。

……我當然希望說我可以發表 paper，如果說他（指學生）要畢業的話，論文寫好，可以找到工作，這個我們要幫他想，我們不是只能跟學生講說我要甚麼東西，我們要反過來想說，我們幫助

學生甚麼事，再獎勵他，我們先利他之後……，其實就是自利啊！(A2018)。因為你在利他的時候，這個過程裡面，你那個「我」的部分一直要去把它最小化，才會利到我……(A2042)。

……如果是以老師的需求，一定是看研究的成果，就是說老師他所指導的研究生，讓他們盡量變成 one…… (A2019)。……剛開始一定是不可能，因為老師的要求，老師想的東西，跟學生要的東西一定是不一樣，不同的方向，對不對？這個就是要調整老師的想法，因為老師你是研究室的一個指導教授，所以他們想法……我覺得是要調啦，就是說你如果很相信說利他就是自利的時候，你幫助學生是不是……(A2020-1)。一定有一個成果嘛！(A2021-1)。

（四）學習禪修正念過程中體會佛法義理，逐漸由葷食改為茹素

這個過程(吃素)也是漸進的，也不是一次就馬上吃全素；以前剛開始的時候……就……吃肉邊菜，跟同事、跟大家去聚會的時候就吃肉邊菜，後來慢慢吃……自然而然就是吃全素。我的想法是……，我們人有時候被很多東西騙(指食物的色香味)……(A2060)。

……植物也是可以提供我們身體所需要的這些機能，這些能量，不一定是要(吃肉)……，而且肉類的東西對我們身體來講，其實反而是比較不好的，它比較難去消化，我們都是因為要貪圖口腹之慾，這種幾吋之間的關係，你讓你的身體覺得不好，又違背佛法的內容，很多人其實都是 garbage in，garbage out，……(A2063-1)。

因為你修行要有很多的這種其他的作為，這是長養你的慈悲心，而且如果說大家真的相信眾生有佛性，都可以成佛的時候，我們吃眾生肉其實就是不慈悲……(A2061-1)。

四、學習禪修正念過程中重要轉化階段和心得

從菩提教授學習禪修正念的三個時期的心路歷程分析中，可知其在第三個時期，亦即留學回國後到大學任教參加禪七前後時期（1995 年前後），是其學習禪修正念過程中重要轉化階段。在此之前菩提教授初初接觸和學習禪修靜坐的原因，主要是為改善睡眠品質問題，目的是先求身體的健康，雖然對於禪宗以及明心見性和開悟感到好奇和期待，但尚未體悟到因果、空性和心性之理；待其參加第一次禪七的活動中，因先前薰修佛法的基礎，於禪堂當中聆聽大善知識的開示後，豁然開朗體會禪悅法喜的感覺；其後多年來積極持續參加精舍禪修課程和禪七活動，深刻體悟禪修靜坐目的是要廣行自利利他的菩薩行誼。

茲將菩提教授學習禪修正念的重要轉化階段和心得整理如表 4-2：

表 4-2　菩提教授學習禪修正念過程中重要轉化階段

項目 ＼ 時期	回國任教後參加禪七活動前後階段（1995 年前後）（第三個時期）
重要事件 重要他人	1. 參加第一次參加禪七的活動，聆聽大善知識佛法開示後，深刻體會禪悅法喜的感覺。 2. 自此多年持續參加精舍禪修課程以及參與禪七活動。 3. 發心帶領全國性禪修團體及推動相關禪修活動。

重要體會和心得	1. 先前薰修儒學基礎，於禪七和尚開示後豁然開朗。
	2. 逐漸體會因果、空性和心性的道理。
	3. 體會宇宙人生的道理。
	4. 先前禪修靜坐目的是先求身體的健康，參加禪七及禪修課程後，體會禪修靜坐目的是要行自利利他的菩薩道。

貳、明心教授的故事

　　明心教授目前是在國立大學任教的女性教授，學術專長領域是人文社會科學。早年曾於國中和高中擔任教職，其後赴美攻讀碩博士學位，返國後即擔任大學教職，目前有 20 年的教學年資，學習禪修正念有 18 年的經驗，參加禪七活動據其記憶所及大概有 15 次以上。

　　明心教授回憶起她接觸佛法和禪修的因緣，可以溯及到她小時候媽媽常會帶她到臺北行天宮拜拜，初初接觸的是民間信仰的道場，嗣後母親接觸到正信禪修道場後，明心教授偶而也跟隨一起前往誦經禮佛；因母親虔誠不間斷的早課誦經，也種下了她日後學習佛法的菩提種子。

　　明心教授在出國留學前，任教的高中同事中有人學佛並流通法師開示錄音帶，讓明心教授對於佛法有了初步的概念。其後輾轉到美國留學期間，與昔日大學同學及同好，在外國校園中創立了佛學社，並禮請法師指導同時正式皈依成為三寶弟子。當時有接觸美國的佛教團體（美佛會）結緣許多佛法經典，當時因為撰寫論文係研究禪宗的教學的精神與禪師如何啟發弟子有關內容，因此早晚持續有誦經和靜坐，初期早晚恭誦研讀的是《地藏經》和《金剛經》。

　　明心教授憶及當年十分渴望能夠參加禪七活動，因此當完成博士論

文後即返國，同時參加國內某道場的第一次禪七活動，其後因緣際會下參加目前依止道場的第二次禪七後，從此就持續不間斷參加同一禪宗道場的禪修課程及禪七活動。明心教授對於禪修正念的空性和心性之理有相當深刻體悟，同時也將其體會和心得運用在工作當中。明心教授從事教學研究和輔導及服務工作，十分投入，曾經帶領全國性禪修學術社團，對於時事和社會混淆價值觀，經常不計毀譽仗義執言。

　　明心教授回顧自己學習禪修正念的心路歷程中分享，初期會執著於目標和理想，往往忽略到觀照，也未能善觀因緣，吃了許多我執的苦，近年因聽師父開示《楞嚴經》的道理，以及參與精舍法務擔任義工等因緣，對於空性和心性的道理有更深入的體會，和目前除於道場精進禪修擔任義工領執事外，亦積極投入環境和生態學術教育，亦是學習禪修正念廣行自利利他菩薩行誼的模範。

　　茲將學習禪修正念心路歷程的三個時期，彙整分析如表 4-3：

表 4-3　明心教授學習禪修正念的三個時期

時期 項目	小時候至出國進修前時期(一)	出國研修博士學位時期(二)	回國任教迄今時期(三)（1994 迄今）
階段	接觸學習	體會領悟	實踐運用
重要事件 重要他人	1. 小時候母親帶領至行天宮拜拜。 2. 母親因緣俱足至正信佛教道場，因為陪同母親前往誦經禮佛而接觸佛教經典與道場。 3. 任教高中期間，因同事因緣接觸	1. 國外期間與昔日大學同學及同好創立佛學社。 2. 正式皈依成為三寶弟子。 3. 美佛會結緣佛法經典。 4. 早晚恭誦研讀地藏經和金剛經。 5. 畢業前一年開始	1. 第一次參加禪七活動。 2. 正式參加精舍禪修班課程。 3. 擔任全國性禪修學術社團負責人及推動相關學術活動。 4. 擔任大學系所主管等行政工作。

	○○法師開示錄音帶，對佛法有初步的概念。	吃素。 6. 因撰寫論文內容與禪宗教育相關，持續誦經靜坐。	5. 禪修道場領職事擔任義工。 6. 多年持續參加禪修課程及禪七活動。
重要體會和心得	1. 母親虔誠早課誦經未嘗間斷。 2. 種下日後學習佛法的菩提種子。	1. 善知識及同參道友因緣際會共同學習和成長。 2. 誦經加打坐讓整個身心安穩。	1. 第一階段勇猛精進學佛，想渡家人學佛，生活和工作均以禪修和佛法為主，但往往忽略家人感受。 2. 第二階段仍有很強的教育理想與善法執著，雖已體會清淨本性，但並未能時時從心性觀照知識和思惟的慣性與習氣。 3. 第三階段在修行善法時已學習從人際應對中觀照我執，體會觀行對反省檢討的重要，也進一步領會何以清淨心是一切善法的根本。

　　明心教授學習禪修正念的三個時期中，重要他人、事件和體會茲分析詮釋如下：

一、小時候至出國進修前階段（接觸學習時期）

明心教授回憶小時候因母親因緣，初次接觸民間信仰道場，以及嗣後接觸的正信佛教道場；因母親虔誠早課誦經，並跟隨至道場誦經，種下日後學習佛法的菩提種子；此外，在其任教高中期間，也因同事因緣接觸法師開示錄音帶，對於佛法有了初步的概念。

（一）母親帶領因緣親近道場

我從小會跟媽媽去廟裡面拜拜，我媽媽很虔誠，固定初一、十五會到行天宮拜拜，後來她有機緣到○○寺，是○○道場的一個分院；那時是誰接引她從一般的民間信仰到○○寺已不太清楚。我在就讀博士期間有一年暑假從美國回來臺灣，記不得是 1991 年還是 1992 年，有幾回跟著她去誦經，我媽媽每天清晨四五點都會早起誦經，天天不間斷，從不識字到能夠背誦《阿彌陀經》，從誦讀短短的《普門品》到《金剛經》和《地藏經》，每天從不間斷（B1003）。

（二）學校同事因緣接觸佛法

……我在○○長大，高中就到臺北就讀，我畢了業之後，回到○○國中任教，一年後到一所高中任教兩年半之後出國……（B1017）。當時在高中有幾位老師流傳○○法師的錄音帶，聽過之後對佛法有些不同的體會……和小時候記憶中的信仰是不一樣的……（B1002）。

二、出國研修博士學位階段（體會領悟時期）

　　明心教授提及，在國外求學期間與昔日大學同學及同好，共同創立佛學社，並請法師指導，同時正式皈依成為三寶弟子。當時在美國有佛教團體（美佛會）結緣許多佛法經典，初期早晚誦讀地藏經和金剛經，同時因為撰寫論文內容係與禪宗的教學精神與禪師如何啟發弟子有關，因此早晚持續誦經和靜坐；此外因佛學社團當中有人吃素，加上誦經打坐以及寫作論文等緣故，很自然的開始吃素；這些都讓她的身心得到很大的安頓；也因為論文寫作與禪宗有關因而閱讀許多佛教經典和著作。

（一）因緣際會在國外校園成立佛學社，同時皈依三寶並持續誦經靜坐

　　　　大概 1991 年在美國念博士的第二年，先誦《金剛經》和《地藏經》，之後在○○學校成立了佛學社（B1001），我是創社社長，也因為有了佛學社……，與美佛會有進一步的聯繫，他們對於美國的大學佛學社頗支持的，定期寄送美佛會訊和許多的經典和佛書，佛學社的每週研討《金剛經》就在我們家中進行……固定約十來位同學一起研讀一起討論學習的心得，當時小小的書房有兩個書架，其中有一個書架就是放佛經，客廳的櫃子上放的也都是佛經……，當時在國外很不容易看到佛經非常的珍惜（B1002）。……，○○法師是我第一位皈依的法師，我們有三位同校的同學，一起皈依……。（B1006）。

　　　　……，當時非常的精進用功，除了論文寫作專書閱讀每天早晚都會靜坐，早上也都固定誦經，也大量閱讀中英文的禪宗書籍，走在校園中或做家事時就唸佛號，心念時常感到非常的光明，常常

連做夢都夢到三寶（B1011）。……，當時碰到禪修或經典不懂的問題，都會打電話請教外州的○○法師。（B1012）。

（二）論文寫作因緣閱讀佛法經典和著作

……我那個時候一開始是寫論文的前一年暑假，我有回臺灣，回臺灣其實我當時除了會去○○○（道場）陪我媽媽去誦經，我自己因為想要寫論文，……，我會看到有一些比較是類似原典，就是……經文的原典之外，看到比較多的書就是○○法師的書，所以我有看過一段時間，那個暑假去○○○（道場）聽《六祖壇經》（B1020）。

（三）同學接引和早晚誦經打坐以及寫作論文因緣開始吃素

……，很特別是有幾位佛學社的臺灣同學，有人吃素有人學氣功……（B1002）。在一段精進的誦經靜坐之後，我也很自然的吃素，在這過程有一些考驗與感應，但卻覺得身心越來越清淨，寫作論文過程思路也特別的清晰，總是時時湧現靈感，幾乎不曾面臨寫作的瓶頸……（B1010）。

三、回國任教迄今階段（實踐運用時期）

明心教授回想表示回國任教迄今第三時期，個人在學習禪修正念過

程當中，可分為三個不同體悟階段，其中第一個階段是回國任教後正式
接觸禪法和禪宗道場的前十年；第二個階段是擔任學校系所主管及禪修
學術社團負責人的六年；而第三個階段協助兼任學校行政及發心道場義
工工作迄今。

（一）第一個階段（1994-2003 年）

　　明心教授提及在接觸佛法和禪宗道場後，因為孩子的因緣，同時也
是想渡家人學佛，因此十分勇猛精進學習，被許多的善緣善法往前推，
生活當中時時以學佛和道場為最核心，有時候甚至會忽略家人的感受；
此外，在學校的教學跟研究部分，也是以禪修和佛法的理念為主。

1、勇猛精進學佛，忽略家人感受

　　……第一個階段初初學佛的時候，其實是因為一心想帶領孩子走
向善法，……，那時候一心就想接引家人……（B1112）。第一
個階段其實是被很多的善緣善法往前推進，……，很投入也很發
心，很精進也很勇猛很少顧慮家人的反對，……，生活就是以學
佛為最核心（B1117）。那時候真真覺得沒有什麼快樂比得上禪
修和學佛的喜悅，天真的以為再也不會疏離佛法（B1118）。

2、教學研究仍以禪修和佛法的理念為主

　　在多年教學過程，我都很注重學生的學習過程是否能深度的思
考，比較不是成果導向，……，記憶中有足足十年的時間，佛法
是我教學、研究和生活的核心，也很自然成為我寫作的指引理
念，……；教授升等過程寫的許多篇論文都延續博士論文的精

神，……，只是當時還不太能充份地轉化佛法的內涵於學術知識的詮釋，……（B2000）。

（二）第二階段（2004-2009 年）

明心教授認為在學佛第三時期的第二階段，仍會執著於教育的理想和知識創新的目標，不論是學校行政職務或是擔任全國禪修學術社團負責人的角色，雖然投入許多心思和時間解決問題，並沒有看到問題的真正源頭，也因為找不到真正的源頭，就會花更多的體力和心力。該階段中認為是善法就應努力完成，也由於缺乏磨練和對於不同情境的觀照，在動態的生活中覺察功夫不夠，因此遇到一些的磨練和境界。

1、做許多創新的努力仍受限於慣性和理想的執著，未回歸清淨本性

……過去曾經很努力做事，也很積極創新突破，但做事的方法仍固著，有一個理想目標就會跑很快，當時以為多投入心思多花時間，事情就會做得更好，結果發現當花很大心力做事，禪修的時間變少時，看許多人事物也模糊了……，看的面不夠廣不夠深，原點沒有回到自己身上，就找不到真正的源頭，找不到真正的源頭，就花更多的體力和勞力，……（B1030）。

2、執著目標和善法，但仍缺乏觀照

……，○○法師常會開示跟我們講說要觀照，……，這個都是我以前因為比較執著理想，比較執著理念……。我以前總有很高的目標、理想，那個理想那個目標或是願景也一直在引導自己，雖

然給自己很大的光明很大動力，但那並不是真正的向內觀照，沒有真正地向內觀照，也不太容易清楚地向外觀照，……（B1035-1）。

（三）第三階段（2010 年迄今）

第三階段時，明心教授體悟禪修正念最核心的是回到最清淨本然的覺性（清淨心）。此一階段因為更深入體會法師開示楞嚴經的道理，對於空假中觀的義理有進一步的領悟，在最忙的時候反而心更定，因為在最忙的時候必須學習即做即了才能夠面對許許多多的人事物。此外，最近幾年開始在禪修道場學習擔任當義工，放下教授和行政主管的角色，學習被資深義工領導以及和大眾的配合，體會以清淨心實踐，在跟別人同步學習的過程當中，反而看到了更開闊的整體，當開始不以自己為中心，更能夠升起歡喜心，領導與被領導都很自然，看事情反而看得更廣和更深入。明心教授也體悟到沒有念頭是真正的輕鬆和自由，沒有念頭才能夠有源源不斷的善念；而最無念最清靜的時候，時間相對的更多，因為做事的時候更有定力也更加的專注。

1、練習事忙心不忙，即做即放下是最常練習的功課

……這一年（2012）是我教書以來，大概最忙最忙的一年，……，可是去年這一年這麼的忙，我覺得是因為每個禮拜……盡量都去上課（禪修課），我覺得上《楞嚴經》，……短短兩個鐘頭會讓整個思緒沉澱，……師父時常以各種善巧方便讓我們學習空性的真諦，包括從實際的生活例子引導我們觀空，……，在極為忙碌的日子，深深體會只有即做即放下才能做

好每一件事，……，也在空觀的練習心念在動境中越來越安定，這時發現佛法實在很受用，……（B1026-1）。

2、放下我執我相，學習與他人配合

這一年我在○○（道場），……從初階的義工學習，……（B1035-2）學習當照客[4]，學習做福田[5]，……雖然在學校是○○主管，……，但到了○○（道場）就配合大家，配合組長，配合其他的執事，……把自己放空的學習真的很輕鬆沒有壓力，學習跟別人同步過程當中，學習更清楚明白，……。當不再以自己為中心的時候，反而比較看得更廣。……，這是最大的體悟，一方面是看到的比較全面，再來是比較容易即做即了，不會一直放在心上（B1028）。

3、體會清淨心才是核心，從無念中起種種善念

……尤其這幾年下來，最核心的是回到最清淨本然的心念，……就是○○（法師）講的覺性，……可以感覺到沒有念頭是最自由，也更容易適時升起善念；無念的時候，也是最清靜的時候，這樣時間就反而越多，敬慈和真的時刻更常現前，……（B2019-1）。

---

[4] 「照客」是禪修道場義工的角色之一，主要工作是接聽電話或是招呼和照顧來賓等。就好像「主人」照顧「客人」般，故稱照客。研究者自行補充說明。

[5] 「福田」也是照客工作之一，主要工作是勸募經費或是邀請禪修學員或來賓歡喜布施等。故亦稱「福田照客」。研究者自行補充說明。

四、學習禪修正念過程中重要轉化階段和心得

　　明心教授在分享其學習禪修正念的過程中，在第三時期中有三個轉化階段，其中第一階段十分勇猛精進學習佛法，生活中以學佛和道場為核心，在學校的教學跟研究也是以禪修和佛法的理念為依歸；但偶而會忽略了家人的感受和孩子的需要。其後第二階段，不論是擔任系所主管或是擔任全國禪修學術社團負責人，仍會執著於理想和目標，雖然當時投入許多心思和時間，但因尚缺乏對於情境的觀照，覺觀覺察功夫還不夠，因此也遇到一些的磨練和境界。第三階段是最為重要轉化階段，開始放下教授和行政主管的角色，學習在道場擔任義工服務大眾，不斷地跟資深義工學習也跟大眾配合，也因此時常體會到當不以自己為中心時，看事情反而能夠看得更廣和更深入，也體會到清淨本然的覺性的重要性，因此即使比先前的兩個階段更為忙碌，但只要提起覺性，心念反而更為安定，也漸漸地體會即做即了，進一步學習放下人我是非，因此常有法喜充滿的感覺。

　　茲將明心教授學習禪修正念的最重要的第三個轉化階段重要事件、他人和體會，整理如表 4-4：

表 4-4　明心教授學習禪修正念過程中重要轉化階段

時期＼項目	發心擔任道場義工階段前後 第三時期（2010 迄今）
重要事件 重要他人	1. 卸任社團負責人和系所主管職務。 2. 協助學校一級行政單位，承擔單位組長職務。 3. 持續參加禪修課程聽聞楞嚴經開示及參加禪七活動。 4. 開始擔任道場照客和福田組義工等執事。
重要體會和心得	1. 體會清淨本然的覺性是學習禪修正念最重要核心。 2. 對於空假中觀的義理特別受用。

	3. 放下教授身分，從擔任當義工角色中，學習被領導和跟大眾配合，學習與他人同步過程當中，看到更為開闊的整體。 4. 體會越不以自己為中心時，越如實地面對自己的擅長與不足時，也越覺察本具的光明心性，觀照人事物也比以前深入許多。 5. 體會沒有念頭是最為自由，也才能夠有種種的善念，最無念也是最清淨的時候。

參、禪悅教授的故事

　　禪悅教授目前亦服務於國立大學，學術專長領域為管理科學，擔任教職 18 年中，因為受到學校首長的器重，有幾乎 15 年多的時間都兼任一、二級行政主管職務，禪修正念學習有 22 年經驗，據其印象所及參加禪七活動超過 12 次以上。

　　禪悅教授提及學習禪修的因緣，是因為當年在修博士學位時，透過先前大學同學的引薦介紹，接觸第一個道場並參加其開設的禪修靜坐課程，並開始閱讀許多介紹佛教的書籍，開始瞭解佛法因緣果報說法，也很喜歡看高僧大德修行傳記，學習禪修靜坐初初目的是為了想改善自己的身體健康；因緣際會下，在畢業前夕接觸了第二個禪修道場，並參加了生平第一次禪七，體會到禪修靜坐不但可以改善身體健康，更體會佛法真實的道理是可以相互驗證。

　　禪悅教授也談到吃素因緣，在學習禪修靜坐初期，只是陪同學一起發願吃素希望能改善身體健康，同時也想讓打坐更有功效，最後確實感受到吃素對身體健康和打坐有所助益；此外，也是因為看了經書瞭解殺生會有不好的果報，因此就這麼一路長期吃素下來，同時對佛法的道理

也愈來愈有信心。

　　禪悅教授回憶起學習禪修一段時間後，適逢臺灣百年九二一大地震，住家被判為全倒，禪悅教授回想說還好已經開始學佛，不然面對此重大的無常，真的不知如何是好，禪悅教授也因為此無常因緣從原來的私立大學轉到公立大學去服務，體會到所謂「塞翁失馬，焉知非福」的道理，禪悅教授也因此在佛法上更為精進用功並持續參加禪修和禪七活動。

　　禪悅教授提到由於先前九二一大地震無常的示現，以及在禪七當中體會，更能領悟佛法緣起性空的道理，自此面對人事物比較能夠適時放下和提起，隨順因緣善盡本份，也將此體會運用到生活和工作當中，特別是運用在行政領導統御當中，多年來為學校行政首長重用和肯定。此外，禪悅教授因為很早就升任教授，也十分樂意指導和協助新進教師，並帶領組成研究團隊，個人研究成果常常布施給讓其他團隊同仁，因此在學校與老師和行政同仁們相處和工作十分融洽和合；另外禪悅教授還提到他幾年前在卸任重要一級主管職務後，因任職系所發展需要，最後同意回頭擔任二級系所主管職務，禪悅教授的諸多行誼，也是真正將禪修正念體悟落實於工作和生命當中的修行典範。

　　茲將禪悅教授學習禪修正念心路歷程的三個時期，彙整分析如表 4-5：

表 4-5　禪悅教授學習禪修正念的三個時期

時期＼項目	博士班求學時期(一)(1989-1994 年)	私立大學任教時期(二)(1996-2002 年)	轉任公立大學任教迄今時期(三)(2002 年迄今)
階段	接觸學習	體會領悟	實踐運用
重要事件重要他人	1. 大學同學接引學習靜坐。	1. 至精舍參加禪修班課程。	1. 持續參加精舍禪修班課程。

	2. 於第一個禪修道場皈依成為三寶弟子。 3. 首次接觸研讀佛教書籍。 4. 於第二個禪修道場參加第一次禪七的活動。	2. 持續參加禪七的活動。 3. 921 大地震住家全倒。 4. 教學工作地點轉換。	2. 持續參加禪七活動。 3. 將禪修體悟用到研究和領導統御以及行政服務工作。
重要體會和心得	1. 為改善身體健康因素學習禪修靜坐 2. 參加第一次禪七的活動後，對佛法更有信心。	1. 禪修靜坐確實改善自己的身體健康。 2. 因地震家毀體悟世間無常苦空道理。 3. 隨順因緣，承擔業果，繼續用功。	1. 體悟因果、空性和心性的道理。 2. 自利利他，成就自己利益他人。 3. 未來希望能夠萬緣放下用功修行。

　　前述禪悅教授學習禪修正念的三個時期，其中重要他人、事件和體會心得分析詮釋如下：

一、博士班求學（接觸學習時期）

（一）大學的同學接引學習禪修靜坐，主要目的是為改善身體健康

　　禪悅教授提到，研讀博士學位時，透過已先學習靜坐的大學同學接引，參加第一個接觸道場的禪修靜坐課程，當初學習禪修靜坐的目的是為了改善自己的身體健康，並開始閱讀許多介紹佛教的書籍，認識了正信的佛教，初初體會佛法因緣果報等義理，特別喜歡閱讀高僧傳記，而且深受高僧大德的修行所感動。

1、禪修靜坐緣起

……這要從我在○○大學，應該是在博士班的時候，那個時候應該是民國 80 年左右，……我升博三那一年，我一個大學的同學，他在○○(大學)念博士班，他的老師是○○○教授，……，就跟我說要不要去學打坐，……，那是○○○(禪修道場)的師父到新竹來上這個課(C1001)。

2、希望透過靜坐改善身體健康

……有一位學員就直接跟師父講說要明心見性，那師父就回答他：那這個比較難一點，不是打坐就可以達到的，可能要多花點時間；然後接著就輪到我了，他就問我說我希望從打坐這裡得到什麼，……我說希望身體健康，因為我一直認為我的身體不是很健康，……多多少少有點毛病，……；然後就跟師父講說我希望能夠身體健康，師父聽了之後就笑一下說「沒有問題！」(C1004-1)。

3、研讀高僧傳記等佛教書籍，為高僧大德行誼所感動

……大概教我們先從打坐上面，講一些靜坐的簡單道理，一開始是先教我們盤腿、結印，打完坐之後再做一些身體按摩的這些動作。後來結束之後，……，送我們一本書，我覺得那本書對我的影響真的很深刻，我會真正改變我的人生觀，大概從那本書開始。送了一本《正信的佛教》，那本書真的對我影響很深大……

很重大……，書中談到為什麼要禮佛，為什麼要念佛等等，各式各樣的問題在那一本裡面讓我豁然開朗，……，我又讀了很多佛教的書籍，從《正信的佛教》開始、《學佛群》疑等等這些書，……，還有《高僧傳》，……(C1005)。……看到一些高僧大德他們的行誼，……讚嘆他們的修行啊，很感動，很感動，……(C1010)。

（二）因緣際會參加第一次禪七，驗證先前研讀佛法義理

　　禪悅教授提及，博士班畢業前因緣際會下接觸了第二個禪修道場，並參加了第一次禪七，禪七活動中驗證先前研讀佛法的義理，對佛法更加有信心；此外，也體會禪修靜坐不但可以改善身體健康，更可以透過實修實證體驗佛法的道理。

　　……那一次（第一次）禪七對我真的是……讓我對佛法更有信心，因為平常大概在家靜坐，看看書、念念經啊；靜坐大概都只有早晚的時間，早上起來打坐一個小時，沒有念經，起來就打坐，坐完之後再做其他事情；晚上睡覺之前再打坐，也是一個小時。那時候在學佛之後是這個樣子，從 80 年開始到 83 年這中間，大概早晚就是各打坐大概都一個小時（C1011）。

　　……但是真正整個改變是那一次的禪七，在那一次的禪七真的讓我對佛法更有信心，……(C1042-1)。對啊！這個體驗我覺得真的是很重要，要不然我們看了這麼多書，你沒有這個體驗……，所以除非說你有很厚的善根，要不然中途會打退堂鼓，但是你這樣認真下去坐，真的是行的功夫，有讓你體驗到了，你就很有信

心，就不會……不會退了(C1043)。

（三）從身體改善健康靜坐成效開始，體會眾生皆有佛性和因果道理茹素

禪悅教授提到吃素因緣初初是想讓打坐更有功效，同時也是陪同學一起發願吃素希望能改善身體健康。的確後來也感受到對身體健康有所助益，最後則是因為看了經書瞭解因緣果報的道理，不願意再殺生而且不跟眾生結惡緣，信心愈來愈強，最後就一路吃素下來。

> ……，一些書裡面就提到說靜坐要能夠有所成就，要吃素。那時候我也覺得嗯……有這麼的概念，……當然那時候還……沒有完全吃素，偶爾就是盡量吃素，吃到最後剛好有個因緣來了，我一個同學他那時候身體病痛，他跟我講說○○我們要不要開始來吃素？希望我這個病痛能夠好起來(C2060)。……病痛就是惡因緣嘛，同學他就發一個願，他說要開始吃素，然後我就說好開始一起吃素，……(C2062)。那時候他(指同學)就這樣講，我說好陪你，從今天開始衝著你這句話，我就開始跟你……開始吃素囉，……(C2063)。

> 你如果認為大家都可以成佛，對不對？大家都是有佛性，未來都可以成佛，那現在這個眾生只是一時迷了，對不對？一時迷了變成畜生的形象，你去吃牠，……你也是吃一個未來佛啊，對不對？，……，後來看看、慢慢看，……各種……學佛感應啦，看了很多之後你就真的愈增加你的信心，要跟眾生結善緣啊，不要再去吃牠們、再去殺生，這個念頭就愈來愈強，那以後就不會有這麼一個想要再吃肉的這個念頭出現(C2069)。……，然後自然

就這樣子一路下來吃素了(C2067-1)。

二、私立大學任教（體會領悟時期）

禪悅教授分享在學習禪修正念以及參加禪七後，面對無常和不如意情境時提到，九二一大地震當時住家被判全倒，而任教學校亦倒了好幾棟大樓，當時真的是很茫然，還好已有佛法的知見，了達佛法所說的「世間無常，國土危脆[6]」，同時也直下承擔因緣果報之理，不但沒有懷憂喪志，而且繼續在佛法上用功，持續參加禪修和禪七活動。

（一）經歷九二一大地震體會世間無常

我舉一個例子好了，就是說……不如意的事情十之八九，大概我這一生碰到一個最不如意的事情是在九二一大地震的時候，……對我而言是一個很大的衝擊；那個時候剛好我還在○○(私立大學)，然後大地震之後，房子也判全倒，舊家沒了……(C2033-1)。……那時候○○(私立大學)也倒了好幾棟，突然間這兩大衝擊，到……我的生命裡面，我那時候就很茫然，我覺得說奇怪，家沒了，然後學校裡面倒了這麼多棟，乍看之下，好像這個學校也要垮掉了，當時真的是很茫然，……，當然啊，那時候有學佛還是很重要……(C2034-1)。

---

[6] 錄自 CBETA（2009），T0779，《佛說大大人覺經》。

（二）了達因緣果報的道理，直下承擔並繼續用功

> ……，自己後來也分析一下這個因果關係，……，我總覺得我這輩子怎麼會住的房子第一次買房子竟然會碰到這個大災難，竟然自己住的兩百多戶的社區全部判全倒，全部都要打掉；自己又想想可能是自己以前，做了一些甚麼不好的事情，……。這輩子我小時候是蠻皮的，常常喜歡用那個彈弓，小時候自己做彈弓……(C2034-2)。打小鳥鳥巢，小時候就這樣子(C2035)。把人家鳥巢都打壞了，你想想你看你這是現世報啊，這輩子這麼小就把人家鳥巢打壞了，這次你鳥巢(指住家)雖然沒有掉下來，但是已經被判全倒，房子也沒了……(C2037)。

> ……那時候我的房子也剛好震壞了，所以我就搬回臺中住，……，那陸續的禪七的部分大概每一年一次，以後從 85 年大概陸續每一年寒假都會去參加一次禪七，大概有……大概有七、八年都沒有間斷，從 85 年到 91、92 年每一年都會回去參加一次禪七……(C1047)。

三、轉任公立大學任教迄今（實踐運用時期）

體悟因果空性和心性的道理，運用於生活和人生生涯抉擇當中

　　禪悅教授在禪修課程及禪七當中，體悟緣起性空的道理，因此在生活和工作當中，凡事能夠適時放下和提起，隨順因緣善盡本份；另外由於九二一大地震的因緣，重新思考個人未來生涯規劃，毅然決然放下更上一層樓的行政職務升遷機會，重新選擇新的工作機會，轉任到公立大學任教。

……經過每一次的禪七，每一次有每一次新的體驗，心性上都會有一點提升，慢慢提升。……，所以回去之後，不管是用在事業上，還是學校上面的事情，這個靜中養成、動中磨練的功夫的確是有很大的幫助……所以如何能夠盡量都做到對的事情，下對的判斷，這個就是看我們禪修的功力(C1048-1)。

……所以我就講隨緣盡份，該……該要你去做的，你就認真去做，那假設得不到的，也不要去強求它，放下就好了……緣來了就成就，緣沒了，這時間因緣過了，就滅掉了，那也就……就把它放下了，……有些東西不用強求的，……。像我在○○(私立大學)那段時間很順利，從系主任、……教務長、升教授，轉眼之間人家就說「你是未來校長的接班人了」，然後我那時候毅然決然，我覺得我要離開，我那時候認為到國立學校還是較有保障，所以那時候剛好有一些緣份，房子在那邊也倒掉了，所以我就……打算要離開，……，我就跟他(校長)講「我真的是要……要離開啊」，對啊，我說「這個……也不是說我要去強求這個東西，我覺得我看很開，這種東西是……時節因緣到了就到了」，……(C1057)。

四、學習禪修正念過程中重要轉化階段和心得

　　從前述禪悅教授學習禪修心路歷程中發現，其第一個時期修讀博士學位期間，因為接觸第二個道場的因緣，並參加第一次禪七的活動時前後，是最重要的轉化階段，體會到禪修靜坐不但可以改善身體健康，更可以透過實修實證，驗證先前研讀佛法義理，與初初接觸禪修為改善身體健康因素學習靜坐觀念有所不同。其後因九二一大地震致使住家毀

損，更深刻體會世間無常苦空無我佛法中的道理。自此之後持續參加禪七活動，進一步體悟佛法因緣果報、緣起性空和心性的道理。

茲將禪悅教授學習禪修正念過程中重要轉化階段分析如表 4-6。

表 4-6　禪悅教授學習禪修正念過程中重要轉化階段

時期 項目	參加第一次禪七前後階段（1994 年前後） （第一個時期）
重要事件 重要他人	1. 接觸第二個道場，參加第一次禪七的活動。 2. 921 地震住家被判定全倒。 3. 從私立學校轉到公立學校。 4. 持續參加禪七活動。
重要體會和心得	1. 參加第一次禪七後，對佛法更有信心。 2. 禪修靜坐不但可以改善身體健康，更可以透過實修實證，驗證先前研讀佛法義理。 3. 體會世間無常苦空無我的道理。 4. 體會因果、空性和心性的道理。

肆、喜捨教授的故事

喜捨教授目前任教於私立大學，學術專長領域為工程技術，擔任教職 21 年，至今參加禪七活動據其記憶所及超過 30 次以上，禪修正念學習有 15 年經驗。

喜捨教授談到他與佛法和學習禪修正念的因緣，是在高中時受到國文和歷史老師教導有關中國文化和儒家思想的啟蒙；由於對中國傳統文化思想的喜好，大學時雖然就讀理工科系但仍積極研究儒釋道三家學說，並從學校社團中接觸到佛法，從此開始跟佛法結緣。嗣後到國外求

學期間，因為因緣不具足未能參加禪修相關活動。迨至學成歸國後，由於心中對於生命的許多疑惑一直找不到答案，於是到全國各地禪宗、密宗和淨土宗道場參訪，希望能夠找尋到生命的答案。

　　喜捨教授談到在一個偶然的機緣下，學校的老師介紹去參加一次法會並聆聽大善知識佛法的開示後，從此心中疑問豁然開朗，並主動到精舍報名參加禪修班課程，其後並報名參加生平第一次禪七活動，深刻體會這一念心及心性的道理，同時感受到自己過去在追尋生命的答案上，不但找錯路也繞了遠路。喜捨教授於參加該次禪七後，從此依止該道場修行，十餘年來參加精舍禪修課程和禪七活動未曾間斷，同時也將學習禪修正念的心得用在學校教學工作當中。喜捨教授提到他雖然教學二十餘年，但仍花許多時間在資料蒐集和備課上，幾乎將所有時間布施在學校教學工作，以及帶領全國性禪修學術社團工作上，包括定期舉辦學術論壇和社員研讀經典共修活動等。

　　喜捨教授特別分享多年來學習禪修正念的體會，除了要持續聽經聞法在理上契悟，更要在事相上透過反復練習和磨練，所謂生處轉熟熟處轉生的道理。從喜捨教授分享當中得知，個人除了每年寒暑假都會參加一次禪七活動外，每天早上四點多即起床誦經和靜坐，早課晚定課也很少間斷，真正可謂精進學習禪修正念的楷模之一。

　　上述喜捨教授學習禪修正念心路歷程的三個時期，茲彙整分析如表4-7：

表 4-7　喜捨教授學習禪修正念的三個時期

時期 項目	高中及大學求學階段時期（一）	國外求學及歸國初期階段時期（二）	大學任教參加第一次禪七後迄今時期（三）
階段	接觸學習	體會領悟	實踐運用
重要事件 重要他人	一、善知識接引 1. 國文老師（中國	1. 參訪全國各地禪、淨、密道場，找	1. 持續參加精舍禪修班。

		尋生命答案。 2. 學校同事接引，參加法會聽聞開示。 3. 主動報名精舍禪修班。 4. 參加生平第一次禪七。	2. 持續參加禪七法會活動。 3. 帶領全國性禪修正念團體及相關活動。 4. 每日早晚定課很少間斷。
	文化儒家思想的薰陶）。 2. 歷史老師（歷史典故和傳統文化認識）。 3. 大學參加東方哲學研究社（學長們帶領）。 二、接觸儒釋道三家學說並廣泛涉獵研究。		
重要體會和心得	種下佛法真理追尋的菩提種子。	1. 對開悟、明心見性感到興趣 2. 參加第一次禪七，體會這一念心及心性的道理。 3. 深刻感受過去二十年在追尋生命的答案上走錯路、繞遠路。	1. 體會覺性和人人本具性的道理。 2. 了達因緣果報的道理。 3. 體會緣起性空的道理。 4. 持續聽經聞法在理上契悟，透過事上磨練，體會生處轉熟熟處轉生的道理。 5. 廣行慈悲利他的菩薩行誼。

　　上述喜捨教授學習禪修正念的三個時期，其中重要他人、事件和體會茲分析詮釋如下：

一、高中及大學求學階段（接觸學習時期）

　　喜捨教授談到他接觸佛法和學習禪修正念的因緣，是從高中時的國文老師和歷史老師，對於中國文化和儒家思想的啟蒙。上了大學後，因為對中國傳統的文化典故有一種很深的喜好和感受，主動積極去找相關

社團，開始接觸研究儒釋道三家智慧的社團，積極探究儒釋道三家學說，廣泛涉獵研究。從社團中開始接觸佛法，慢慢了解因果觀念進而學習禪修正念。大學時期，可說是種下追尋佛法真理的菩提種子。

（一）善知識接引，中國歷史傳統文化的啟蒙

> 在讀高中的時候，……有兩個老師對我來講啟發性最深刻；一個是國文老師，一個是歷史老師。歷史老師因為我們讀的是自然組，所以基本上我們就不用刻意像科班，去上那個歷史課要背甚麼東西，所以在上課的時候就可以非常好，每次上課都講一些歷史的故事給我們聽；那國文老師他都會講很多中國傳統的文化典故，所以你會對傳統文化有一種很深的喜好，……。我當時上國文課，尤其讀到那些中國文化，有那種蠻深的一種感受（D1001）。

（二）從儒釋道三學入門，種下學習禪修正念的菩提心苗

> 當時就去找到一個叫東方哲學研究社，它是在研究儒釋道三家智慧，……，所以從大一開始就陸陸續續地接觸。因為在東方哲學研究社裡面，它是探討儒釋道三家，主要是東方的文化，它都會去探討接觸；其實那時候對詩書算是花比較多時間去讀，然後老莊的思想、《道德經》也花時間把它背起來，也會去想莊子非常逍遙自在的那種思想。我覺得對我影響比較大的是後來慢慢接觸到佛法，慢慢的了解到因果的觀念，你會覺得那是一個很深的哲理，所以從那時候開始接觸到所謂的禪修正念這個部分（D1003）。

二、國外求學歸國服務階段（體會領悟時期）

　　喜捨教授提到，未遇禪修大善知識[7]前，心中疑惑持續隱晦不解，於是到全國各地禪宗、淨土宗，甚至到密宗道場參訪，希望能找尋並解開生命的答案。由於對禪宗的明心見性與成佛開悟感到興趣，希望能夠找到善知識一解心中疑惑。

（一）參訪全國各地禪、密、淨道場，找尋生命答案

　　　　所以在教書的大概三四年之後，開始興起了另外一個念頭，就是說我應該重拾大學時代對那個問題（指生命的答案）的探討，……，然後開始慢慢有去各個道場聽聞佛法，……，我曾經到過○○寺那邊去學禪坐，甚至跑到密宗道場，去聽看看密宗的道場它們怎麼做，然後始終在這個外面去繞，感覺起來好像還是缺乏這個東西，就是不對那個胃口，對啊！就是○○山跑過了，○○也去了解了，密宗有些道場也去看過，國內一些大的道場也去了解，但是感覺起來好像對自己本具心性這個東西，這個契悟我還是缺了一點點（D1008-1）。

（二）對禪宗見性與開悟感到興趣，希望找到善知識一解疑惑

　　　　當時有一個宗派就是禪宗的法門，其實對我來講是一個非常有興趣的法門，因為禪宗裡面特別去講明心見性與見性成佛，能夠去

---

[7] 指正直而有德行，能教導正道之人。又作知識、善友、親友、勝友、善親友。反之，教導邪道之人，為惡知識。錄自《佛光大辭典》，p4884。

開悟，那開悟之後就能得到佛法的道理，徹底的了解和大徹大悟，所以覺得說禪宗這個法門非常的吸引我，……。那以前沒有師父可以指點，所以自己在看或者跟著這些學長或是跟著其他居士在討論這些東西的時候，始終就是在門外繞，你也不敢確定說這是對的想法或是錯的想法，所以你讀了《六祖壇經》、讀了《金剛經》、去看祖師的一個開悟的情況，不過就是怎麼看就是有看沒有懂……（D1008-2）。

三、大學任教參加第一次禪七後迄今階段（實踐運用時期）

（一）善知識接引聽開示豁然開朗，主動報名參加禪修課程

喜捨教授提到，第一次聽聞大善知識開示後，彷彿心中疑惑頓時消除，為求進一步深入瞭解，於是主動尋找精舍並報名參加禪修班課程，希望能先從大善知識的弟子身上學習，進一步找到人生的答案。

……大概 86 年清明節的時候，剛好學校有一位老師叫○○○教授，提到○○○（法師）在○○○寺有辦一個清明的超薦法會，你要不要來參加？當時我聽了就一口答應說我要參加，……。聽○○○（法師）開示後，自己覺得說心中的那個疑問，從大學累積起來的那些疑問，對禪宗法門這些東西，似乎那些疑問在○○○（法師）身上就得到了解答，好像心中這些疑問就突然……就釋然，就好像「我知道了！」究竟是怎麼一個事情？悟是怎麼一個事情？每個人本具心性到底是甚麼事情？所以那時候法會結束後，就趕快找就近的精舍去報禪修班……（D1008-3）。

聽完○○○（法師）開示，覺得說我所要追尋這個問題的答案○○○（法師）身上有，但是聽一個下午的開示，只是一個入門而已，只是一個起頭，就讓你覺得很有信心，那我一定可以在○○○（法師）身上找到這個生命的答案，但是怎麼下去呢？那就是有精舍啊！，○○○（法師）都派出最優秀的弟子在各精舍裡面去開示，……，那我應該去上禪修班才有答案，然後從那個法師身上，從那邊間接去聽到○○○（法師）的法門，更精準的東西，……，然後我就主動跟師父說：「師父，我要報名禪修班！」（D1011）。

（二）參加禪七體悟本具的佛性，深覺以往走遠路和走錯路

　　喜捨教授分享，由於對禪宗開悟、明心見性感到興趣，在參加精舍禪修課程一段時間後，報名參加生平第一次禪七活動，深刻體會這一念心及心性的道理，同時深刻感受過去這二十年來在追尋生命的答案上走錯路、繞遠路。

　　……我記得在第一次打禪七那個時候，因為在禪七中你會慢慢把自己的心靜下來、定下來，○○○（法師）在開示的時候，突然之中隱約你可以肯定說你本具的這個佛性就是這個覺性，……，你從來不知道說自己還有一個能知能覺不動的這個覺性存在，然後在打禪七的時候，在某一個瞬間或某一個剎那，突然體悟到這個道理，你就會感覺到涕淚俱下（D1013-1）。

　　……在那次開示的時候，○○○（法師）曾經提到，……他（法師）說有人去修行學佛，學了 20 年還不知道佛在哪裡？心在哪

裡？道在哪裡？有些人就是走錯路，走遠路；那我回去算一算我大概從民國 65、66 年開始接觸佛法，到 80 幾年，整整 20 年，所以聽到○○○（法師）那句話，突然整個眼眶都紅了，這不就是正在講我嗎？20 年就走錯路、走遠路，這麼一個簡簡單單的道理，清清楚楚明明白白的道理，為什麼沒有辦法當下去識取，然後這樣去外面繞啊！繞啊！……（D1013-2）。

（三）修行持續用功的動機和體悟，是生處轉熟熟處轉生

　　喜捨教授參加第一次禪七活動後，由於深刻體會這一念心及心性的道理，也找到了用功的入手處；持續用功的動機和體悟，是「生處轉熟，熟處轉生」，雖然人人本具能知能覺的覺性，但因過去累生累劫的習氣使然，初期常常無法與之對抗，但仍時常提醒自己的覺性存在，就像是籃球或排球選手參加比賽，都是不斷反覆練習最後才有機會獲勝，修行的覺性練習也是一樣，慢慢讓覺性勝過習性，待練習純熟後就會越來越有信心。

　　……慢慢找到一個入手處，知道一切都是這個心念的問題，你就開始知道說自己的問題很多，……那怎麼樣去對治自己的習氣、煩惱，其實變成是一個很大的課題。這個佛法裡面所講的修行，其實就跟我們看到很多的這些籃球隊員，或是排球選手，他如果要去參加比賽，他要反覆就是這樣一個單獨的動作，就一個東西反覆反覆的練習，一般俗話講說：「臺上一分鐘，臺下十年功」……（D1025-1）。

　　……，你可以時常提醒自己的覺性存在，你就可以慢慢知道自己

的習性是可以去對治它；這個過程其實是非常辛苦的，對我來講是鏤刻骨銘心的，……在佛法講說「人有貪瞋癡三毒」，這三毒就像這個毒癮，我們累生累劫已經吸了這個毒已經非常強烈，現在知道不要起貪瞋癡三毒這個念頭，但是知道歸知道，但它那個力量非常強大，所以你就變成說你要去跟它對抗，剛開始你要對治，那因為你這個覺性力量比較弱，習性非常強，所以你經常就會被它打敗（D1025-2）。

……經過這樣努力兩年、三年之後，你自己有一種能力或是有一種肯定說我已經可以跟習性對抗了，至少我有本錢，至少打成平手；有時候我輸，有時候它（指習氣）輸，至少還能打成平手，然後就對自己修行上面起了非常大的信心……，就是說你把修行當成是一個練習，一個 practice，因為剛開始學我們這個技能技巧不太熟悉，不太熟我們就反覆把它練習 practice practice，總有一天你會練得比較純熟一點，那比較純熟後你就可以掌握住它，就比較能用上功，……，其實這個印象是蠻深刻的（D1025-3）。

（四）體悟人生的意義是成就自己也成就他人

……後來就有機會接觸到佛法，發現到佛法裡面以人為本，就是說人的心性本具的部分，它講出來了；人的心性本具這個東西，其實每個人都可以像佛一樣，可以成就自己本身的道業，也可以去影響別人，啟發別人的覺性，也讓別人能夠把他的覺性產生出來（D2001）。……做一些更有意義的事情，比如說你帶學生、佛學社團、或者是帶自己班級的學生，他們也可以慢慢能夠知道

做人處事的道理，……把一個人從迷轉成悟，那他悟了之後他又可以站住腳，他又可以去影響其他的人、親戚朋友、他的學生，又從迷到悟過來……（D2029）。

慢慢有去禪修靜坐，心會比較的沉靜下來，相對也會啟發你的一種關懷和利益這個社會的心，……，本身有禪修你的那個慈悲心、關懷心會更強烈（D3001）；……一個人在心沉靜下來的時候，其實不只是自己的心沉靜下來，你的那種慈悲心和信念，會很自然地產生出來，你會關懷別人，因為自己本身好，你還想要去讓別人更好（D3002）。

（五）體會三世因果和六道輪迴的道理，慈悲不忍食眾生肉而吃素

　　喜捨教授提到吃素因緣是從大學時期參加佛學社團而開始逐漸吃素，當兵退伍後則改為全素，主要是因為體會佛法中三世因果和六道輪迴的道理，不忍食眾生肉，同時也是長養慈悲心緣故，不要為了滿足自己口慾而去傷害眾生生命；吃素後感受到清淨的食物會讓自己的感官更靈敏。

我吃素應該是在大學時候就開始接觸，大學時候吃素也因為是參加那個佛學社團，……因為慢慢接觸到佛法思想的時候，覺得人有三世因果，你相信有這個三世因果的時候，那我們都在這個六道中，因為你在迷就是要輪迴；那輪迴當中，今天我們吃這些雞鴨魚肉，我不曉得他會是我過去一生中的父母、眷屬、親眷，那就會起一種慈悲心，……，就是不忍眾生以他的生命來滿足我們的口慾，當你慢慢去了解佛法的因果關係、三世因果、六道輪迴

這些道理的時候，自然而然你會選擇吃素這一條路，……，
（D2032）。

……等到我當兵退伍下來，我就跟我媽講說我要吃全素，那當然
會有點那個……也不是家庭革命，父母親總是會擔心孩子身體健
康，但你堅持一下父母親也會順你，所以那時候開始自己吃
素，……，（吃素）第一個你比較清淨，然後你的身體、你的覺
知比較靈敏，……因為葷的東西它必須要很多的調味料、加甚麼
東西，才能夠吃到它的味道，因為肉有腥臭味，但是要把它的味
道排除，所以它加了很多調味料，所以你吃素自然而然你會吃得
比較清淨，你的感官、感覺會比較靈敏……（D2034）。

四、學習禪修正念過程中重要轉化階段和心得

　　喜捨教授學習禪修正念過程中重要轉化，是在第三時期時透過其大
學任教學校同事接引，第一次聆聽大善知識開示前後階段，深刻感受過
去廿年來在修行和追尋生命的答案上走錯路、繞遠路。喜捨教授於聆聽
大善知識開示後即皈依三寶，其後即報名參加禪宗道場的禪修課程和禪
七活動，多年來未曾間斷。喜捨教授體悟到人人心性本具，不假外求，
但理雖可頓悟，事上仍須漸修，而且要透過不斷練習，才能讓覺性時時
現前。喜捨教授學習禪修正念過程中重要轉化階段如表 4-8。

表 4-8　喜捨教授學習禪修正念過程中重要轉化階段

時期 項目	大學任教時聆聽大善知識開示前後階段（1998 年前後） （第三時期）
重要事件 重要他人	1. 先前參訪全國各地禪、淨、密道場，找尋生命答案。 2. 學校同事接引，第一次聆聽大善知識開示心性之理並皈依三寶。 3. 聆聽大善知識開示後，報名參加禪宗道場的禪修課程。 4. 其後持續參加禪修課程和禪七活動。
重要體會和心得	1. 深刻感受過去廿年來在追尋生命的答案上走錯路、繞遠路。 2. 體會人人心性本具，不假外求。 3. 體會理雖頓悟，事須漸修，要透過不斷練習，讓覺性時時現前。 4. 體會佛法在世間，不離世間覺。 5. 未來希望能了脫生死，出離三界。

伍、法喜教授的故事

　　法喜教授於私立大學任教是一位資深教授，學術專長領域為人文科學，擔任教職達 22 年，曾經擔任過學校一級主管，亦擔任政府單位重要諮詢職務，理路邏輯清晰，對於當前社會世風日下道德倫理淪喪情形，常不計毀譽，時有針貶之言。早年接觸禪宗道場後，即一路精進用功至今未嘗間斷，參加過二次以上禪七活動，深刻體會真心與妄心的義理，學習禪修正念有 20 年以上的經驗，同時將其體會運用在教學、研究和輔導服務工作當中。

　　法喜教授談到其學佛的因緣，是自高中時期即對於中國四書經論和

宋明理學感到好奇和興趣，但是在成長過程中尋找人生和生命的意義時，卻無法從儒學和理學當中得到圓滿的答案，於是轉而開始從佛學的方向去探究；初期時從佛學當中學習，自認為每個人都本具有佛性，無須向外他求，並以念佛作為修行用功的法門，因此當時並未想要皈依亦未依止任何道場修行，惟當時用功多時並不得力而且存有許多疑惑無法解答。

　　法喜教授在分享其皈依三寶和學佛的因緣時表示，是因為當年留學返國後不久，有一年太太一次嚴重腦中風緊急住院開刀，示現色身苦空無常，當時剛好有一位大和尚至該醫院演講開示並有舉辦皈依大典，法喜教授於聆聽大和尚開示後，隨即和太太同時辦理皈依正式成為佛門弟子，其後太太開刀手術順利出院康復後，夫妻二位於是利用假日發心擔任勸募籌建道場經費的義工，同時也開始到精舍參加禪修課程；其後因緣際會下在任教的學校擔任佛學社團指導老師，帶領學子一起學習禪修並到精舍聽經聞法，多年來接引許多學生接觸和學習禪修正念，進而影響學子其後一生志業。

　　茲將上述法喜教授學習禪修正念心路歷程的三個時期，彙整分析如表 4-9。

　　法喜教授學習禪修正念的三個時期，重要他人、事件和體會分析詮釋如下：

一、高中大學求學階段（接觸學習時期）

　　法喜教授提到，自高中求學時期開始，對四書經論和宋明理學感到好奇和興趣，直至大學時期，由於對生命的意義有所疑惑，原接觸世間典籍和學問無法提供圓滿的答案，於是開始從佛學的方向探究。初期自

認人人佛性本具，故當時未想要皈依亦未依止道場修行，以念佛法門用功，惟不得力並仍有許多疑惑待解。

表 4-9　法喜教授學習禪修正念的三個時期

時期 項目	高中大學求學 時期(一)	海外留學及歸國初期 時期(二)	大學任教迄今 時期(三)
階段	接觸學習	體會領悟	實踐運用
重要事件 重要他人	1. 四書經論、宋明理學和佛學感興趣。 2. 受牟宗三，徐復觀、熊十力等學者思想影響。 3. 以念佛為用功法門。	1. 隨順因緣開始逐漸自然茹素。 2. 太太住院開刀，示現無常，與太太於醫院中皈依成為佛弟子。 3. 發心擔任福田義工，勸募籌建道場經費。 4. 依止道場修行，開始參加精舍禪修班課程。	1. 持續參加精舍禪修班課程和活動。 2. 參加禪七活動。 3. 擔任大學佛學社團指導老師，成為學生追求生命意義的心靈導師。
重要體會 和心得	1. 對生命意義的好奇和疑惑。 2. 自認佛性本具，故未皈依亦未依止道場修行。 3. 以佛學知識探討為主。	1. 體悟病苦無常。 2. 對念佛能否轉識成智有所疑惑，改修禪宗法門。 3. 擔任義工由佛學轉為學佛。 4. 體會要先自利才能利他。	1. 禪七中體會真心與妄心。 2. 體會妄心是煩惱的根源。 3. 生活與工作時時銷歸自性的道理。 4. 學佛是自利利他的菩薩行。

（一）從四書經論和宋明理學入門，對生命意義好奇跟疑惑開始探討佛學

……，因為我很早就對於中國的這些古籍啦，就是……像四書啊、經論啦，……，這些當中特別是宋明理學，……，宋明理學的了解當然也就是心性之學啦，可是我發現它有些地方並沒有究竟，……，感覺上就是有一些不清楚或是有一些疑惑，……，到了大學，當然對於這些知識上的這種好奇，就會更為強烈（E1003）。

……如果我把這個閱讀佛經，然後念佛號也當成學佛的經歷的話呢，大概大學開始我就有這樣一個經驗了（E1001）。的確這個因緣的開啟啦，應該是跟我自己對生命的意義上的好奇跟疑惑有關係，就是在世間之事所接觸的這個部分已經有所不足，甚至也沒辦法很圓滿的提供答案的情況之下，自然就會深入到這個佛學，……（E1002）。

……我特別要提到的就是在這段過程當中呢，所有中國哲學界裡面的那些重要的經典，也一樣都是在這方面有很……很多的接觸，譬如我們講得這個牟宗三，就是在我們近代的重要人物，徐復觀、熊十力，特別是熊十力。我要講的就是說，延續我這個佛學的一個起點，應該是熊十力……（E1004）。那麼對熊十力的語要，……，大概是開啟我對這個佛法認知的一個很重要的一個契機，譬如說他有一個《新唯識論》，這個都是跟我後來直接進到佛法經典的閱讀有關係（E1005）。

（二）以念佛法門用功，惟仍有許多疑惑待解

> ……，我最初當然也像很多人一樣自己認為說就是……眾生皆有佛性，所以我也不會……想要去依止在甚麼道場，完全用念佛法門，這個念佛法門就念了很長的一段時間，所以這個就是後來知道所謂的淨土法門這個觀念；我當時根本不會去分別甚麼是淨土、甚麼是禪法，就是以眾生皆有佛性的一個認知切入，那念佛念了很長時間，也很……持續地在做，但是我又生出了疑惑，那我念佛做甚麼？我念佛真的能夠轉識成智嗎？為什麼我念佛多年，我好像都沒有甚麼改變？（E1005）。

二、海外留學及歸國初期階段（體會領悟時期）

（一）太太示現病苦無常因緣，聆聽大善知識[8]開示並皈依三寶[9]

法喜教授分享其皈依三寶因緣，是因為從海外歸國後太太突然有一天腦中風緊急住院開刀，示現色身苦空無常，適遇大善知識至該醫院開示並辦理皈依大典，法喜教授於聆聽開示後即和太太同時辦理皈依，應證佛法所謂有因有緣事易成。

---

[8] 指大有德之善知識。即教人遠離諸惡，奉行諸善之善友。錄自《佛光大辭典》，p857。

[9] 「皈」是皈向，「依」是依靠。修行學佛，必須皈向三寶，以三寶為導師，才能找到正確的修行方向；依靠三寶，心繫正法，信心堅定，則有力量破滅眾魔，才能成就道業。

正受三皈有正名定份之作用，正名，即是成為真正的佛弟子，堪受三寶慈護；定份，即佛弟子竭力盡分護持三寶，成就功德。受持三皈依，即為三寶弟子；猶如至學校讀書，須先註冊，方可成為正式的學生。學校的學生分為正式生與旁聽生，正式生才能享有學生的權利與義務。若不受三皈依，縱使研究佛教典籍，仍然無法稱為佛弟子，較難得到佛法的真實利益。錄自《法燈叢書》（2014a），p76。

的確接觸○○○（法師）的法是要有大因緣的，……我跟我太太
從英國回來之後，在臺灣工作了一年，她因為這個腦中風……
（E1007）。……很嚴重的……這個腦中風，就是叫蜘蛛膜下腔
出血，那是非常致命的（E1008）。那當然就是到醫院去急救了
嘛，……（E1009）。就還在觀察，等待比較適合開刀的時間，
那她比較清楚的時候跟我講一句話，她說如果我能夠活著出去
呢，我第一件事情就是要皈依○○法師，……，這沒想到，她發
這個願之後呢，第二天，○○（醫院）就貼出了一個告示，○○
○住持（法師）要來○○（醫院）開示並辦理皈依（E1010）。

……那我就去聽○○○（法師）開示嘛，因為她就在醫院了，沒
辦法去，就不能動，不可以動；我就聽完○○○（法師）開示，
我就跟○○○（法師）講了這個事情，……，她這個腦中風了在
醫院等著開刀，……（E1014）。○○○（法師）說那沒事沒事，
我等一下去醫院看看她（E1016）。……，○○○（法師）就跟
我講一句話，他說她多念觀世音菩薩，她沒事的，她沒事的……
（E1017）。對！就很好的恢復，就很好，醫生說這很像奇蹟一
樣的，甚麼都沒有傷害到，所以這個就是不可思議（E1030）。

（二）認同布施是廣植福田[10]自利利他，發心擔任義工勸募籌建道場經費

　　法喜教授分享，因為太太一場無常病苦因緣皈依三寶，同時從被勸
募發心認捐，到後來認同布施是廣植福田自利利他的菩薩行誼，最後夫
妻二人每週星期假日，上山擔任勸募籌建道場經費的福田義工。

---

[10] 謂可生福德之田；凡敬侍佛、僧、父母、悲苦者，即可得福德、功德，猶如農人耕田，能有
收穫，故以田為喻，則佛、僧、父母、悲苦者，即稱為福田。錄自《佛光大辭典》，p5852。

……所以過了一年之後我們就感恩○○○（法師）的慈悲，兩個就上○○寺，要去跟○○○（法師）……表達感恩之意嘛……（E1032）。我跟○○（太太）講說我們兩個發心認捐兩個（籌建道場經費項目）（E1051）……，我說這是一個福田，我聽懂了，然後我跟○○（太太）講說下個禮拜天開始，我會來這邊勸募（E1054）。……，我就在山門口對每個人就跟他（指遊客）講這個事情。……，這邊有一個很好的福田啊，你要不要來了解一下啊！（E1057）。……，所以不可思議，每個禮拜天就是這樣做這個事情，當然也遇到很多挫折啊，這個對我來講，已經都不是挫折了，他只是一個很正常的一個現象……（E1058）。

……○○○（法師）就藉由這個……○○（籌建道場經費項目）來渡化眾生，那我們去認同，這個就是福田工作的一部分，就是說……自己如果講這個六度萬行裡面的布施，當中一個就是從這個財布施裡面，去看到自己可以成就眾生的慧命，是要在自己所謂的這個福田上面去下功夫，所以這個……認知呢是很重要，就是說原來我做事情是做自利的事情，……（E1059）。……就是說我自己都沒有辦法做到這些的話呢，那學佛大概都是枉然，就是自己沒有辦法去自利的話，怎麼會有利他呢？所以為甚麼佛法講自利利他，一般人會以為說怎麼你先講自利呢？就是重點在這邊（E1060）。

（三）學習禪修正念與吃素因緣歷程

　　法喜教授提到吃素因緣是因為到外國留學，因為太太突然感覺無法吃肉類食物，遂陪同一起由葷食逐漸轉為素食。

……我當然吃素也吃了二十幾年了，那麼如果真正講說我為什麼會吃素呢？那這是在英國（留學期間）發生的，……（E2109）。是因為我太太沒辦法吃肉了，……，我太太就問我說「這個糟糕了，沒辦法吃肉怎麼辦？」，我說你就不要吃吧！（E2110）。對啊，我說那就不要吃啊，這不吃也不會怎麼樣（E2111）。

三、大學任教迄今階段（實踐運用時期）

（一）參加禪修課深入教理，並帶領學子聽經聞法

……，每個禮拜六（晚上），我就是每個禮拜六在○○（精舍）呢跟○○（太太）就開始上課，所以這個……就是學佛的開始是在這邊開始，學習○○（法師）的法是在這邊開始（E1069）。然後當時真正就是說，比較有系統的……比較有一個正知見的是從這邊開始（E1070）。後來……後來就是跟學生的關係，所以慢慢就是到○○（精舍2）來了……（E1092）。對！是，開始帶了（幫忙指導學生佛學社團）（E1095）。

（二）將禪修體悟運用到研究和服務工作中

1、隨時銷歸自性以清淨心[11]作研究

……因為你的妄心，才會有很多個糾纏在那邊，會因為耳朵的不愉快，眼睛的不愉快，身體的這個不愉快，影響到你的妄心，產生各種糾結的那種占據啊，你就心靜不下來，你怎麼有辦法看書呢？看不下去啊！（E2065-1）。對啊！就是因為那個諸多的這個賊啊，就好幾個賊在那邊（E2066）。……所以同一個的道理，它沒有一個切割的狀態，而且不會留戀在剛剛那個事情上面，為什麼？因為它本來就沒有……（E2063）。……這是打七(禪七)才知道，就是說「銷歸自性」的道理，……（E2064）。

2、以因緣法面對和處理複雜的行政事務

佛法真的帶有更大的一個影響跟它的助益，譬如學校有很多很複雜的事情，很困難的事情，非常困難的事情，那麼我往往去處理的時候，很注意到這個……因緣法的道理，所以我也很容易去面對它（E1127-1）。……那還好都是因為有佛法這樣……一個薰

---

[11] 六祖惠能大師曰：「何期自性本自清淨，何期自性本不生滅，何期自性本自具足，何期自性本無動搖」。錄自 CBETA（2009），T2008，《六祖大師法寶壇經》。

「自性清淨心」，謂吾人之心本來清淨，亦即心性本淨之意。又作性淨心、本性清淨心。為小乘大眾部之主張，大乘則將此心稱為如來藏心、佛性、真如、法界、法性等。依大乘止觀法門卷一對自性清淨心之解釋，謂心於無始以來即為無明染法所覆，然以性淨不改之故，稱之為「淨」；以無有無明染法與之相應之故，稱之為「性淨」；復以中實本覺之故，稱之為「心」。錄自《佛光大辭典》，p2525。

修啦，所以我們更知道說去看到事物的本質是甚麼，那麼去誘導
這個因緣法的改變，這個就是它（指佛法）的一個……最明顯的
一個助益（E1131）。

四、學習禪修正念過程中重要轉化階段和心得

　　從前述法喜教授學習禪修正念過程中，其中最重要轉化階段，係海
外留學歸國時的第二個時期（體會領悟時期），期間因為太太腦中風住
院開刀，示現病苦無常，適逢大善知識於醫院中演講開示，聆聽後與太
太皈依成為佛門弟子，其後發心擔任福田義工勸募經費籌建道場。從此
依止禪宗道場修行，參加精舍禪修課程和禪七活動。該轉化階段從念佛
法門改為禪修法門，也從佛學研究轉為學佛行者。法喜教授深刻體會妄
心是煩惱的根源，體悟緣起性空和心性之理，明瞭學佛是自利利他的菩
薩行。其重要轉化階段和心得整理如表 4-10：

表 4-10　法喜教授學習禪修正念過程中重要轉化階段

時期＼項目	皈依大善知識前後階段 （第二個時期）
重要事件 重要他人	1. 因太太中風開刀，於醫院中聆聽大善知識開示，與太太同時皈依成為佛弟子。 2. 此後發心擔任福田義工，布施假日時間發心勸募籌建道場經費。 3. 依止固定道場修行，參加精舍禪修課程和活動。 4. 擔任大學佛學社團指導老師。
重要體會和心得	1. 體會病苦無常，從念佛法門改為禪修法門。 2. 擔任義工由以往以佛學知識的探討為主，改為身體力行學佛行者。

	3. 體會到學佛是自利利他的菩薩行。 4. 體會妄心是煩惱的根源。 5. 體會緣起性空和心性之理。

陸、慈悲教授的故事

　　慈悲教授目前任教於國立大學，學術專長領域為工程技術，擔任教職 11 年，參加禪七活動 3 次以上，禪修正念學習有 15 年經驗，目前擔任學校學生禪修社團指導老師，十分照顧學生，經常陪同參與學生社團活動。

　　從訪談當中發現慈悲教授很特別，因其提到從小即不喜歡葷食，而母親也很護念從小為他單獨烹飪準備素食；至於接觸佛法和學習禪修正念的因緣，則談到他的父親在他小時候常會從寺廟中帶回一些善書和佛法經典，慈悲教授認為這些都是學習禪修正念助緣；此外，慈悲教授認為吃素不食眾生肉比較容易提起慈悲和利他的心念，而經常升起慈悲和利他的心念，也讓他比較不容易生氣。慈悲教授回憶起他接觸禪修正念道場的因緣則是其修讀博士班時，因為大學同學的母親知道其長年茹素，遂接引他到精舍參加禪修課程，慈悲教授直至出國做研究前有長達六年時間，持續在精舍參加禪修課程，期間提及也參加過禪七活動，對心性之理亦有所體會。

　　慈悲教授返國後至大學任教，同時亦發心擔任學生佛學禪修社團的顧問，學生佛學社團每週邀請法師舉辦心靈成長講座，與學生同時一起聽經聞法，並參與學生的各項禪修活動。慈悲教授提到學習禪修正念過程中，因未真正體悟因緣法，心念曾經較為消極不會主動爭取自己的權益，學術上亦不積極想要升等，不會積極去造就一些緣起，無形當中失

去學習和成長機會；其後因緣際會下，同時參與了另一佛教團體的經典研讀活動，與該道場修行實踐法門十分相應，體會要利他必須先自利和自立，此外也體會到要善觀因緣，從因地上積極努力，果報自然現成；從此，學習禪修正念的人生觀從消極處事到積極任事，同時個人在修行上也不斷精進學習和提升，而且將禪修正念心得應用於工作和生活當中。

　　正如本研究給予其代號暱稱，慈悲教授十分地慈悲，目前除專任教職同時還兼任繁忙的專業行政職務，每次行政主管更迭都會懇切邀請其繼續協助，因此目前已經持續擔任該行政職務第三任（三年一任），但仍樂在工作，而其教學、研究和輔導服務亦十分投入，慈悲教授的行誼也是高等教育界中值得學習效法的學佛行者。

　　茲將上述慈悲教授學習禪修正念心路歷程的三個時期，彙整分析如表 4-11：

表 4-11　慈悲教授學習禪修正念的三個時期

項目＼時期	高中及大學求學階段時期（一）	研究所博士班求學階段時期（二）	大學任教迄今階段時期（三）
階段	接觸學習	體會領悟	實踐運用
重要事件重要他人	1. 父親提供善書和經典入門。 2. 從小不喜歡葷食。 3. 母親護念長年單獨烹飪素食。 4. 開始接觸禪修正念的經典（《六祖壇經》）	1. 大學同學接引，至精舍禪修班上課，正式接觸禪修正念道場。 2. 大學同學母親獲悉從小吃素，特別關心與護念。 3. 持續於精舍參加禪修課程達六年。 4. 禪修正念道場法師	1. 擔任大學禪修社團顧問，參與相關活動。 2. 租屋房東提供素食，聽聞房東所屬道場法師開示。 3. 持續參與經典研讀團體活動。 4. 將禪修正念應用於工作和生活中。

		及同參道友提攜和鼓勵。 5. 參加第一次禪七。	
重要體會和心得	1. 吃素是接觸和學習禪修正念助緣。 2. 吃素可以長養慈悲心，與法相應。 3. 隨順因緣看待吃葷素，不生愛憎分別心。 4. 對開悟、明心見性感到興趣。	1. 持續於精舍參加禪修課程動機，對開悟一事感興趣。 2. 體會心性、因果、空性的道理。 3. 放下執著，不容易生氣。	1. 聽經聞法，參與學生社團活動，利他自利。 2. 「觀功念恩」、「觀過念怨」、「中臺四箴行」 3. 緣起性空的體會與不生氣。 4. 利他的慈悲心，原諒他人，放下瞋念。 5. 從消極放下到積極提起。

　　慈悲教授學習禪修正念的三個時期，重要他人、事件和體會分析詮釋如下：

一、高中及大學求學階段（接觸學習時期）

　　慈悲教授談到他接觸佛法和學習禪修正念的因緣時，提到從小即不喜歡葷食，母親護念單獨為其烹飪素食；父親雖未學佛但常喜歡從寺廟中帶回一些善書和佛法經典，慈悲教授認為這些都是後來學習禪修正念的助緣。

（一）從小慈悲不喜葷食，從接觸善書和經典入門

……高中的時候就看過《六祖壇經》，就對那些經書蠻有興趣的，然後那時候就有對一些佛典有興趣，只是說就蠻隨興的看（F1002）。……爸爸有時候會到外面去一些寺廟，他會去拿一些善書回來，有的時候別人也會送他一些書本，所以家裡這方面的書一直都會有（F1006）。其實我吃素的因緣我自己覺得還蠻特別的，因為我小的時候就蠻挑食的，然後不太喜歡吃肉，所以蠻小的時候就幾乎不太吃肉，會把那些肉挑起來……，那一直到升大學那時候就想說，既然都這樣了，那乾脆就淨一點，後來就吃素了（F2001）。

（二）母親護念長期茹素，因吃素緣故與道場和善法相應

……像我回家的時候，媽媽弄飯都會特別幫我用素食的，媽媽支持這個東西就比較容易持續堅持下去；像過年的時候也是一樣，因為過年大家都吃團圓飯，那我們家也只有我吃素，但是我媽媽都會蠻護念我，特別幫我準備一些素食的（F2004）。……因為吃素之後好像跟道場比較容易相應；另外，我覺得就是跟一些法比較容易相應，尤其是像講到不殺生、講到慈悲，那這個東西本來就比較好提起來。所以比如說像在家裡面打蚊子、打蟑螂這些東西也是啊，就比較不會做這些事情（F2006）。

二、研究所博士班求學階段（體會領悟時期）

　　慈悲教授提到，念研究所博士班時，因昔日大學同學和其母親在精舍學習禪修，並介紹其參加禪修課程；因對心性體會和開悟感到興趣，持續參加精舍禪修課程。

（一）大學同學接引因緣接觸佛法

> 那時候是念研究所博士班的時候，然後是我的一個大學同學找我，那時候念○大，○大旁邊的一個○○精舍（禪修道場），然後找我過去；那為什麼找我，因為我那時候，其實我吃素的時間更早，那個同學的媽媽知道我是吃素，那她媽媽本身是接觸○○（禪修道場）一個老居士，她就去找她兒子，那時候○○精舍剛成立，應該沒有多久的事，他媽媽就叫她兒子帶我過去（F1008）。

（二）對禪宗和開悟感興趣，開始到精舍參加禪修課程

> ……我記得那時候為什麼會去精舍，一來是本身對禪宗蠻有興趣，對禪宗感興趣的原因是因為對開悟這件事很好奇；另外一個原因其實也覺得說這樣對研究生的工作，其實也是一種調劑，因為白天在忙學校的事，那晚上的話可以稍微調整一下，那時候就對於打坐還算有一點相應，也覺得是一種轉化心念的方法，所以……就到精舍，那當然也是因為有同學一直要帶我去精舍（F1011）。

……覺得開悟這件事是很奇妙的事，因為有時候會在一些禪師的故事裡面講到開悟的一些禪宗公案，一來當然想知道真得有這個事情嗎？那到底什麼是開悟？開悟之後到底悟了什麼事情？（F1016）。

三、大學任教迄今階段（實踐運用時期）

慈悲教授提到，至大學任教後，擔任學生社團的顧問，同時一起聽經聞法，也參與學生的各項禪修活動，從利他當中自己亦獲得利益。此外，亦持續參加經典研讀團體活動，在個人修行上不斷學習和提升，更重要的是將禪修正念心得應用於工作和生活當中。

（一）持續參與學生禪修社團和經典研讀團體活動

……佛學社團的社課，每個禮拜五中午都會有○○法師（道場 1）會來開示；那另外有接觸○○（道場 2）那邊，他們那邊上○○○（經典論著），也是每個禮拜有一個晚上的上課時間，他們上課方式跟○○（道場 1）這邊屬性有點不太一樣，方式不一樣，……（F1025）。○○團體（道場 2）……，他們那邊主要的一個法師叫○○法師，……，他會有一種很特別的說法，就是所謂的道次第，一步一步的，不會讓我們覺得學習的人覺得好像佛法的道理難以實現，或者是難以實踐（F1042）。

……學生社團的活動主要……就是來上課，……聽師父開示，……，每位師父他們開示方法也不太一樣，但都是很照顧這些學

生，也是很護念大家，希望把佛法的一些道理能夠融入這個學校、這個學習環境裡面，然後特別為我們去打造一些比較相應的說法，希望讓大家接引學生進來，雖然說主體是學生，其實我們當老師的也是有沾到這種法益……（F1027）。

（二）將禪修正念心得應用於工作和生活中

1、教導學生要能容忍學生犯錯，從慈悲的的角度出發幫助學生

……當我們站在一個角度就是比較願意去幫學生，……，我覺得我始終相信學生是要教的，尤其在學校更應該要給學生一些犯錯改過的機會，但重要的是說，學生犯錯之後，其實我們要適時讓他知道這個樣子是不對的，但是那個東西不是當下我在生氣的時候去告訴他你不對（F1052-1）。……比如說幫助學生好了這個角度來看，學生獲得一些成就，其實對我們當老師來說本身就是一種滿足感，那種東西不是說我會獲得甚麼，而是在幫助他人的當下，本身就是會獲得一些回饋（F1085）。

2、「觀功念恩」讓內心變得柔軟，容易看到人家的優點

……我們要「觀功念恩」其實是要修我們自己的心，讓我們變得比較柔軟，而且看得到人家的優點，那這部分其實是跟「對上以敬」也是有關係的，因為如果一個人我們不恭敬他的話，其實他的優點我們是看不到的；同樣的道理，如果我們常常看到他的優點的話，那我們對這個人自然就會恭敬，所以這兩點其實是蠻相輔相成的（F2021-1）。

四、學習禪修正念過程中重要轉化階段和心得

　　慈悲教授學習禪修正念過程中重要轉化階段，係於第三個時期於大學任教時接觸第二個禪修道場所啟發。該階段之前因為對出世間法的體悟未深，較為消極以至於不太會主動爭取機會，也不太會跟別人競爭，乃至於未想爭取升等的機會，且因尚未體悟因緣法，不會積極去造就一些緣起，無形中失去一些學習和成長機會。其後有所領悟，遂積極提升研究能量和提出升等；此外，體會要利他必須先自利和自立，為大眾利益如學生權益等，會義無反顧去爭取；另外也體會到善觀因緣的重要性，相信只要在因地上努力，果報會自然現成，自此從消極處事到積極任事，人生觀也從消極轉為更積極。慈悲教授重要轉化階段和心得整理如表 4-12：

表 4-12　慈悲教授學習禪修正念過程中重要轉化階段

時期 項目	大學任教階段 （第三個時期）
重要事件 重要他人	1. 於同時參加第二個禪修道場時知見觀念受到啟發。 2. 指導學生時感到自身能力不足。 3. 先前以教學為主，未積極研究發表論文，乃至於未想爭取升等，其後有所領悟，遂積極提升研究能量和提出升等。 4. 同時受系上資深教授身教和言教影響。
重要體會和心得	1. 學佛初期過程中有消極出世的觀念，以至於不太會主動爭取，也不太跟別人競爭。參加第二個禪修道場後，體會要利他必須先自利和自立。 2. 為大眾利益如學生權益等，會義無反顧去爭取。 3. 體會善觀因緣，因地上努力，果報自然現成，從消極處事到積極任事，人生觀從消極轉為更積極。

柒、綜合討論

一、六位共同研究參與者學習禪修正念過程的共同經驗

（一）學習禪修正念均有善知識的接引，最後都依止固定道場和大善知識修行用功

　　從前述六位教授學習禪修正念的心路歷程的三個時期分析中，發現均有許多善知識接引和協助，例如菩提教授是其大學同學和博士班學長接引接觸佛法和禪修；明心教授是其母親因緣接觸道場，任職高中同事接引聆聽法師錄音帶開示；禪悅教授則是研修博士班時大學同學因緣接觸禪法和不同道場禪修活動，而喜捨教授是其高中老師儒學啟蒙，任教大學同事的接引聆聽大善知識開示而有所感；法喜教授則是透過哲學和佛學學者接引，進而聆聽大善知識開示而有所體悟；慈悲教授是透過大學同學及其母親接引而參與禪修課程。前述六位研究參與者也都有參與禪七和精舍禪修活動；因此禪七開示法師和精舍法師亦均為其重要善知識。其中喜捨教授更感嘆，學佛二十年繞遠路走錯路，最後才得遇大善知識，可見學習禪修正念需要有因緣和福報，才能接觸到正法與善知識，驗證佛經所云：「正法難聞，良師難遇[12]」。

　　從訪談文本六位受訪研究參與者學習禪修之心路程中發現，大部分初期亦參訪其他道場和學習不同法門，但最後都找到依止道場和大善知識以及用功法門（禪宗心地法門）。其後均持續不斷繼續用功，當中最重要的是將修行所得運用在生活和教育學術場域當中，最後六位研究參與者，也分別擔任學校佛學社團指導老師或相關禪修社團領導人，成為

---

[12] 錄自 CBETA（2009），《大薩遮尼乾子所說經》卷第三，王論品第五之一。

其他師生們學習禪修正念的接引善知識。

　　《佛說四十二章經》舉難勸修二十難中，其中第十六難即為「會善知識難」，六位教授學習禪修正念過程中，雖均得遇善知識接引和協助，但也是得遇不易且還要能善加珍惜和把握才不至錯過。

（二）學習禪修正念重要轉化階段，都是接觸和聽聞大善知識的開示

　　由訪談資料分析中得知，六位研究參與者中學習禪修正念重要轉化過程，大都是接觸和聽聞大善知識的開示而有所了悟；其中菩提教授、明心教授、禪悅教授是先參加禪七活動，聽聞大善知識禪七開示後，再至禪修道場薰修禪修課程；而其他三位教授（喜捨教授、法喜教授和慈悲教授）則是經由其他善知識接引，先到禪修道場上禪修課程後，再進一步報名參加禪七活動，最後對佛法的真實義理都有深刻體悟，其共同重點都是在教理上因聽經聞法以及參加禪七活動而有所體悟；這驗證佛經所謂：「譬如闇中寶，無燈不可見，佛法無人說，雖慧莫能了[13]」。

　　上述六位研究參與者學習禪修正念重要轉化階段與徐潔華（2010）研究報告建議，禪修學習者在轉化學習的過程中要選擇堪稱楷模之教師，可以互相呼應。

（三）體會因果空性和心性道理，同時為長養慈悲心緣故自然而然茹素

　　從訪談文本中得知，六位研究參與者在學習禪修正念歷程中，大都是因為體會佛法因緣果報、緣起性空和心性道理，同時也是增長慈悲心緣故，飲食上均先後逐漸改為素食並成為長期茹素者。其中菩提教授提及因體會食物組成空性的道理，也體會眾生皆有佛性，因慈悲而不忍殺生滿足自己口腹之慾，因此改為茹素。明心教授則是因誦《地藏經》、《金剛經》和靜坐後，就很自然的吃素，覺得身心越來越清淨，寫作論

---

[13] 錄自 CBETA（2009），《大方廣佛華嚴經》卷 16，須彌頂上偈讚品第十四。

文過程思路也特別的清晰。禪悅教授初期是從健康和靜坐因素嚐試素食，最後也因體會眾生皆有佛性皆當成佛，因慈悲因素而堅定信心吃素。喜捨教授則提到吃素因緣是從大學參加佛學社團開始吃素，主要是因為體會佛法中三世因果和六道輪迴的道理，同時也是長養慈悲心緣故，感受清淨的食物也會讓感官更靈敏。法喜教授則是到外國留學，因為太太不能吃肉類食物，因此陪同一起由葷食逐漸轉為素食。慈悲教授則是自小即不喜歡葷食，自然而然茹素，體會吃素是接觸和學習禪修正念的助緣。

前述六位研究參與者體會佛法的相關道理後，最後自然而然認同素食理念，進而長期茹素，此與 Hölzel 等（2011a）實證研究報告指出，參與禪修正念練習者其大腦結構中有關同情心和反省相關結構的灰質密度有所增加，亦即對同情心和反省能力有所提升，可以相互呼應；另楊定一（2014）指出，真實領悟宇宙人生道理的指標之一是「慈悲」，而對象包括所有的有情、無情眾生；釋聖嚴（1996）則提到禪坐的功能包括智慧心和慈悲心的開發，以及達賴喇嘛認為「慈悲心」的培養是自利又利他，慈悲就像禪定的力量，也像鎮定劑一樣，會讓一個人躁動的心恢復平靜（張美惠譯，2003）；此外，Bernay（2012）研究結果顯示，學習禪修正念的教師除了自我壓力會減少外，同時會強化反思能力，也增加同理心和慈悲心；以及徐潔華（2010）研究分析中指出，禪修學習者透過心念的轉化，會尊重其他的生命等結論，可以互相得到應證。

此外，佛經中《法華經》云：「佛之心者，大慈悲是。能修大慈，則是善入佛之智慧[14]」；另《大般涅槃經》云：「一切聲聞、緣覺、菩薩、諸佛如來，所有善根，慈為根本[15]。」；另《大方廣佛華嚴經》亦

---

[14] 錄自 CBETA（2009），《法華經》卷一，序品第一，菩薩眾。
[15] 錄自 CBETA（2009），《大般涅槃經》卷第十五，梵行品第八之一。

云：「諸佛如來以大悲心而為體故。因於眾生，而起大悲；因於大悲，生菩提心；因菩提心，成等正覺[16]。」，上述佛法相關義理亦可作為相互印證。

二、學習禪修正念過程中，六位研究參與者不同的體悟和特徵

（一）從不同因緣接觸禪修正念

六位教授接觸和學習禪修正念心路過程中，有許多共同經驗，但亦各有分別不同的因緣和增上緣；有從身體健康因素接觸入門（例如：菩提教授和禪悅教授）；也有從親眷病苦示現而皈依佛門（例如：法喜教授）；也有則是體會的世間無常（例如禪悅教授）；也有是對心性之理的好奇和真理追尋（例如：菩提教授、喜捨教授和慈悲教授）；亦有對世間善法的相應（例如：慈悲教授）。

（二）修行的體悟和相應程度不同

對於修行過程和對空性、因果、心性道理的體悟，因個人相應程度而有所不同。例如菩提教授對於儒家思想和心性體悟較為深刻；明心教授對空假中三觀和無我體悟特別深；禪悅教授則對於忍辱法門和因緣果報之理有深刻體會；而喜捨教授對布施法門和緣起性空之理體悟較深；法喜教授對於真心和妄心有深刻體會；慈悲教授則對於慈悲法門和善法十分相應。

（三）從儒學入門而後深入佛學和學佛

佛法中許多義理，與中國傳統儒家思想十分契合，例如佛法中持守五戒為不殺生、不偷盜、不邪淫、不妄語、不飲酒；而儒家則強調仁、

---

[16] 錄自 CBETA（2009），《大方廣佛華嚴經》卷第四十，入不思議解脫境界普賢行願品。

義、禮、智、信；恭敬師長、慈心不殺等。佛法禪修正念中的靜心、定心、悟心和明心也和儒家大學中的格物致知、誠意正心，乃至定靜安慮得等道理相通。本研究六位研究參與者當中有三位，初期大都從儒學入門而後深入佛學和學習禪修正念。例如菩提教授提到，個人有蠻濃厚的儒家思想，等到其接觸佛法之後，再從佛法觀點來看儒家的思想，就很清楚明白儒家所講的東西，例如《大學》中所說，大學之道，在明明德，在親民，在止於至善，其實談的就是禪修的內容。而喜捨教授也談到其接觸佛法和學習禪修正念的因緣，是從高中時的國文老師和歷史老師，對於中國文化和儒家思想的啟蒙，也因為對中國傳統的文化典故有一種很深的喜好和感受，從而積極探究儒釋道三家學說，進而學習禪修正念。至於法喜教授提到，自高中求學時期開始，即對四書經論和宋明理學感到好奇和興趣，直至大學時期，由於對生命的意義有所疑惑，原接觸世間典籍和學問無法提供圓滿的答案，才開始從佛學的方向探究，最後再從佛學轉到學佛。

三、六位研究參與者心靈轉化的不同階段和體悟

有關學習禪修正念過程中心靈轉化的重要階段和體會，有三位教授（包括菩提教授、禪悅教授和喜捨教授），談到其心靈轉化的重要階段是參加第一次禪七活動前後階段，在聆聽善知識開示，對於心性等道理有所契悟，從此持續參加禪修課程並精進學習禪修正念。

明心教授教授則分享其學習禪修正念的體會和心靈轉化不同階段，其中最重要轉化階段是第三階段時，至精舍擔任義工並聆聽法師楞嚴經的開示以及參加該時期的禪七活動，同時將禪七中大善知識的開示與體悟，運用於工作和生活中並加以應證。

　　法喜教授的重要轉化階段則係因太太住院開刀，示現病苦無常，因緣具足適逢大善知識於醫院中演講開示機緣，於聆聽開示後與太太在醫院中同時皈依成為佛弟子，從此開始擔任義工並參加禪修課程和禪七活動，深刻體悟真心與妄心的道理，並將其運用於學校工作當中。

　　慈悲教授在學習禪修正念的過程中，其重要轉化階段是第三時期，同時至第二個禪修道場參與經典研讀討論，因與該道場的善法相應並從中獲得啟示，而且將其運用到教學、研究和行政服務工作當中，人生態度從消極轉變為更積極。

　　前述六位研究參與者的心路歷程經驗和心靈的轉化，與蔡麗芬（2006）認為，禪修是生命歷程中覺醒道途的一個敲門磚，同時禪修也是生命歷程中的意義是一個介入和改變，不但對自我的認識，同時也是對生命意義有更深刻的體悟，有許多雷同之處；此外，徐潔華（2010）在對六位長期禪修者（四年至十二年）的轉化學習歷程研究中發現，禪修者所養成的反思能力與內省習慣，加上其佛法思惟，對其生活態度和生命意義有全面性影響，並有可能開展其靈性成長，亦有許多相同之處。張愷晏（2011）則在諮商心理師靜坐經驗與自我覺察的研究中發現，較長期的靜坐對諮商心理師的影響是全人整體的，包括身體、心理、靈性面皆因而改變，此與前揭分析結果亦有部分可以相互呼應。

第二節　禪修正念對高等教育工作者身心靈健康的影響 歷程

「春有百花秋有月，夏有涼風冬有雪；

若無閒事掛心頭，便是人間好時節」

---宋・無門慧開禪師---

從本研究第二章國內外文獻探討中得知，不論是短期 MBSR 或 MBCT 正念禪修訓練或是長期禪修者，均對個人的身體健康和心靈層次提升有所幫助；本研究六位研究參與者，禪修學習經驗均超過 15 年以上，以下分別就每一位研究參與者訪談文本資料中，探討分析其學習禪修正念對身心靈健康的影響歷程。

壹、菩提教授學習禪修正念對身心靈健康的影響歷程

一、靜坐誦經提升睡眠品質，體會眾生皆有佛性，飲食自然 改為茹素

菩提教授在分享禪修靜坐對身體健康的影響時提到，如果希望睡眠品質好的話，最好睡前不要看電視或上網；如果能夠睡前加上靜坐 20 分鐘或是誦個經，通常效果都會很不錯；此外，禪修過程中體會到眾生皆有佛性，飲食因而改為茹素，身體健康也有所提升，多年來很少有感冒情形。

……，比如說你在睡覺之前有誦個經或是靜坐，基本上那個晚上的睡眠品質大概都比較好。很簡單，晚上時間，睡覺之前不要看電視，如果看電視，那天睡眠的品質嚴格講起來就不好，這是一個很明顯的一個對照。所以睡覺之前，如果希望睡眠品質好，那就是要調一下自己的念頭，稍微靜坐二十分鐘或是誦個經，這至少在我自己的體驗裡面，每次的結果都是這樣子(A1037)。

……我在沒有學佛之前，我睡眠是很淺的，就是說很容易胡思亂想，這胡思亂想以前不知道，後來就知道原來是平常在白天的時候，我們這種刺激太多了，尤其是現在 3C 產品、網路的這些東西……(A2003)。……看個電視、上個網……，睡眠品質就……變很不好。但是如果是用功的時候，比如說你在睡覺之前先靜坐三十分鐘，或是多少也好，數息一下會比較好，……第二天睡起來就很高興，為什麼？因為睡得很飽……(A2004)。

……這(吃素)是長養你的這個慈悲心，……我們吃眾生肉其實就是不慈悲……(A2061-2)。……，我自己個人也有感覺就是吃素之後，加上一些靜坐禪修功課，那個身體真的是練來的，我大概十幾年沒有用過健保卡(A2063-2)。……我其實很少感冒，大概七、八年，八、九年大概都沒有感冒，我看到我的同事怎麼又感冒了，身體不好就感染了，我說奇怪我都不會感冒，我想大概是有……禪修靜坐……(A2064)。

二、體悟因果、空性和心性的義理，瞭解宇宙人生和生命的意義

　　菩提教授談到，學習禪修靜坐和參加禪七後，體悟到三世因果、空性智慧與中道實相的真理。而因果、空性與中道之理也是整個宇宙人生的道理，值得作為一個人一生追求的生命目標。

> ……了解到它（禪修）就是大概有幾個重點，……第一個就是要知道因果這個關係；因果這個關係它其實是在處理人世間的這些事情，……。第二個就是空性的這種智慧，我想不是用語言、文字這個東西可以真正表達它的那種體會，……，我想應該是禪七或是說這個靜坐這過程中，才可以去體會到空性這種智慧。……因果的關係，這個是在俗諦上面，……；那空性的這種智慧它其實是在真諦，也就是說它是一個真實的道理，宇宙、人生一個真正的道理。那第三個就是中道實相，就是它也不偏離俗諦也不偏離真諦，就是中道實相，……（A1038）。

> ……，宇宙人生的這個道理其實講起來就是因果關係、空性的智慧跟中道實相，這三個東西如果說你很了解它真正的一個意涵，其實就是宇宙人生的道理……；因為如果是一個真理的話，它一定是沒有時間、空間的這種限制，過去是這麼說的，現在這麼說，未來也一定是這麼說，不會因為隨著這個時間就改變，如果說有因果這種關係，三世因果的這種關係，我們知道人一輩子他不會只有這一世，他有過去，還有現在，還有未來，然後我們把這個串起來，發現到說這個是人一輩子，真的是值得去追求的目標(A1070-2)。

三、生活或工作中隨時保持覺性現前，學習轉念與起善念

菩提教授認為人與人之間難免會有意見不同或衝突的時候，一般人都會用慣性去回應，而慣性大都是不好的念頭，當然就會產生摩擦；如果學習禪修正念後，用覺性的方式去處理事情，當然最好是不起心動念，不為外境所影響，不然也要練習起善念，至少可以減少人與人之間的衝突。

> ……因為在跟人家溝通的時候，比如說……這個溝通上面其實是會產生一些困難，因為……兩邊的這種想法不太一樣，在家庭裡面、在學校裡面或是說在跟同事之間，重點是在於說真的要學會轉念……(A2048)。

> 大部分的人沒有修行……不知道覺性這種道理的人，他一定是很慣性的去回應，像是後面又再叭甚麼叭(指開車時後方車按喇叭)，那麼急幹甚麼，對不對？所以我們碰到這種事情的時候，就是去盡量轉個念頭，就那個覺性跟轉念之間，隨時要站在那個地方，有外境來的時候，你經常要出現覺性跟轉念，覺性先起來之後再跟著做一個轉念的一個動作，這樣就可以免除掉很多這種比如說工作上面……互相的這種衝擊或是衝突(A2054)。

> 現在就是說大家都太忙了，忙到你的那個覺性都不見了，忙到不知道你在想甚麼東西，工作又忙事情又多，然後事情又不順利，所以這個世界會愈來愈亂，就是因為大家都沒有修行，……都是用慣性的方式去處理事情，不是用覺性的方式去處理事情……(A2059)。

貳、明心教授學習禪修正念對身心靈健康的影響歷程

一、練習事忙心不忙，隨時檢討反省放下我執，即做即了回歸清淨本性

明心教授提到禪修對個人身心靈健康，乃至於生活和工作上的影響時表示，到精舍上禪修課有關師父開示《楞嚴經》中空性的道理，很有體悟也很受用，特別是在事忙時心能不忙，事多時心能不亂。因為體會了空性的道理後，如果能夠隨時提起正念，比較能夠放下我執，同時練習隨時放下和即做即了，發現煩惱的時間越縮越短。

> 到精舍上課……師父會在佛法上，空性佛法中，包括就是很多的這種怎麼去觀空，……，你會對於很多的事情來去，尤其是對於忙到今年是忙到不行的情況之下，就是必須做了一定要放下，因為不可能一邊提起前面的念頭一邊做下一件事，也因為這樣的時刻越多，在很多動靜當中，發現佛法特別受用，在很忙的時候反而覺得心不亂，比較能夠應接不暇的事情，處理得比以前好（B1026-2）。

> ……這一年最大的感觸是沒時間煩惱，必須要做了就放下，這一年一方面是在動當中的磨練很多，一方面是在禪修空觀，精舍禪修課的空觀的薰修，……常常練習，聽了課就在工作上練習，發現沒有練習好的時候，下一次就再練習，我發現煩惱的時間越縮越短……越縮越短，然後是忙到沒時間煩惱之外，還要心念清楚，在動靜中不斷磨練不斷學習（B1090）。

二、角色轉變擔任義工的工作，放下我執提起正念，學習被領導與共同成就

　　明心教授也分享到，這幾年因為到精舍擔任照客義工的工作，真正放下教授身分，十分歡喜被領導的角色，從中觀察學習其他人如何領眾，如何細心投入，如何和合共同成就一場場的法會；明心教授在精舍薰修中，體會到「我執」是煩惱的來源，透過檢討反省修正自己的心念，就像是車輪的校正一樣，同時也透過工作上的磨練，不斷的練習，個人修行也從中得到提升。

> ……到精舍你可以完全少動念，尤其是在領職事的時候，就是很專注的把每件事情做好，然後配合大家，我現在是初階的義工，還在（學習）……（B1042）。……現在比較會觀照到這個部分，所謂的整體就是不會只想要自己要往前走，會觀照其他人（B1044）。……我覺得禪修在這個部分（待人處事）會讓自己比較……能夠調和自己……，今年雖然很忙，……，卻更能夠提起正念，包括帶領同事，跟同事互動，會常想到給彼此空間（B1029-1）。

> ……這幾年也更會檢討反省，反省得更細，以前檢討反省仍時常堅持理想，不易看清楚自己的過失或疏失（B1092）。……其實只要忘掉自己放下自己，就像修車的 Alignment 這個詞，將車輪調正了，車子就開得正、開得快（B1094）。

三、放下我執無我人眾生相，找到本具的清淨心

明心教授談到最近體會「心性」和「緣起性空」的道理後，當內心非常清明觀照的時候，會清楚看到自己和他人的起心動念，放下自己的的堅持或理想，適時啟發自己和他人光明的心性，可以避免許多待人處事上的障礙，因為內心清明就必然更圓融，而不只看到某部分的善法而已。最近打完禪七後，更深刻體會清淨的心性，當清淨心現前時就彷彿是當下繁花盛開，常常有法喜充滿的感覺。

> ……每天仍然非常的忙，可是我覺得師父開示對我啟發很深，我覺得我以前最沒用上功的部分就是空性（B1032）。……如果我們不能體悟到空性，事實上都常常會有執著跟我相。……，（B1033-1）。緣起性空這部分○○（法師）在楞嚴經的這個開示講得很深入，我在這個部分非常受用（B1035-3）。

> ……我覺得越來越能夠體會到……越來越體會到「喜悅的笑」和「活在當下」的意義，……，就是因為看到執著的副作用，執著的反效果，乃至於吃了執著的苦，知道執著是無益的，所以更能體會無念的自在和歡喜，……我常常提醒自己 I am nobody，當覺得自己 I am nobody，反而更能提起過去不能提起的，放下過去不能放下的（B1088-1）。

> 最近常常有一種感受，……許多事真的自己完全不假外求，不論今天身體健不健康，強不強壯，或者是擁有的多寡，一想到這是這麼的源源不絕，無比的光明的時候（指覺性/清淨心），每一個人也都可以如此的時候，心裡就非常非常光明（B2059）。只要

一反照，那個（覺性/清淨心）就在，一返照它就在，……。這一年多當中，從善法的琢磨，讓我沒時間去煩惱，……到又打禪七，我覺得思惟有時候也是一個很能夠讓自己從這樣一個心念，念念相聚，到善法的思惟修……（B2060）。

參、禪悅教授學習禪修正念對身心靈健康的影響歷程

一、從靜坐改善身體健康入門，禪七體證後對佛法更有信心

禪悅教授談到，初初學習禪修靜坐的目的是想要改善身體的健康，其後透過早晚定課和禪七靜坐，確實身體健康有所調整，也提升個人的睡眠品質；此外，在參加第一次禪七中親自體證佛法的義理，了悟後對佛法更有信心。

> ……他（法師）就問我說我希望從打坐這裡得到什麼樣的，自己想要得到什麼，我說希望身體健康，因為我一直認為我的身體不是很健康，就是多多少少有點毛病，就是會感冒啊，跑步會喘啊，站站不久啊，站久頭會暈啊，然後就跟師父講說我希望能夠身體健康，……（C1004-2）。……，我是從身體上下手，師父說你這個問題沒有問題，那我就很有信心了，……（C1005）。

> ……但是那個時候基本上只是說把身體調得更好一點，但是真正整個改變是那一次的禪七，我在那一次的禪七真的讓我對佛法更有信心，因為我知道，原來它是可以經由人家所行的功夫，實證

啦！真正是你認真去做你就可以證得到那種體驗，你有那種體驗你就對佛法深信不疑了（C1042-2）。

二、吃素助緣長養慈悲心，萬緣放下禪七精進用功，身心淨化功德迴向

禪悅教授初期學習禪修靜坐，為達到健康目的也想提升靜坐的效果，發心開始吃素，發現的確是好的助緣，也體會到茹素可以增長慈悲心，其後就一路長期吃素至今。另外每年至少參加一次禪七活動，於禪堂當中萬緣放下精進用功，不但覺察能力和專注力有所提升，身心也得到淨化，並發心將此清淨功德迴向冤親，隨緣盡份提起放下，一路走來也都能隨心滿願。

（一）因健康與靜坐目的發心吃素，體會到茹素可以增長慈悲心

為了身體要好，要讓靜坐更有成效，……我就開始慢慢吃素，然後同學就說看看能不能夠下定決心吃素，那我就……這個因緣我就開始吃素。後來慢慢吃素之後，真的各方面都慢慢變好了（C2065）。身體也慢慢變好了，可能是打坐的關係吧，然後各種考試甚麼的都很順利，所以有差，……(C2066)。

對！愈來愈有信心，吃素之後發現其實吃素也是很好，也不需要……真的不用再殺生，那剛好有看一些書吧，不用再跟眾生結惡緣，那個念頭(指不殺生)就慢慢灌輸進來，那個念頭力量就更強，就朝著吃素這方面，信心就愈來愈強，然後吃吃吃就穩定

了，就習慣了……(C2067-2)。義理(指吃素)就是……基本上就是增長我們的慈悲心(C2068)。

（二）萬緣放下精進用功，覺察專注力提升，身心亦得到淨化

藉由每一年的禪七，真正把所有的事業、家業都放下，好好的在那邊用功啊，這七天讓你的心性能夠有一些心靈上的提升，是很有用的。……○○(法師)一直常常跟我們講這個靜中養成，但是更要在動中磨練……，那後來陸續的幾次禪七，整個在心性上面就更……應該說有一些體會，……，經過每一次的禪七，每一次有每一次的體驗，真的是每一次就是……在心性上都會有一點提升(C1048-2)。

因為我一路這樣走下來，除了平常用功之外，我就在禪七那七天除了把身體這一年的疲勞重新的再給它充電；除了充電之外，還有一個更重要的就是這七天，能夠再讓身心更淨化，利用這些淨化的功德，迴向心中的那堆石頭（牽掛的事）啊，這些石頭看看能不能夠把它給圓滿掉，那往往都能夠讓我如願以償，這個是我個人覺得……一分耕耘一分收穫，你……認真到一定程度，真的就比較容易成功(C1049)。

……，至於覺察能力、專注力這一定會有影響的，因為我們修了這個(數息觀)之後，我們整個念頭會更細一點，整個觀察力會更細一點，而且有時候那種當你要起心動念發脾氣的時候，你會覺察到不對，要修正，我們會覺得說不該有這個念頭再下去……(C2005)。

三、了達因果隨緣放下消舊業，發心承擔感得龍天護法[17]護念

禪悅教授分享，自己在學習禪修正念後，還是會遇到障礙或不如意的事，例如發生九二一大地震時住家被判定為全倒，任教學校建築物也倒了許多棟，雖然當時曾經茫然，但因體悟佛法因緣果報的道理，業障現前正好可以消業障，轉念後想想壞事不一定是壞事，其後隨順因緣反而因禍得福，順利從私立學校轉到公立大學。當兵期間，也體會佛法忍辱，以及吃苦了苦的道理，發現只要承擔，龍天護法也都會來護念和幫忙。

（一）坦然面對無常和業報現前，體悟因緣果報隨緣消舊業

> ……不如意的事情十之八九真的是……對我而言是一個很大的衝擊（指 921 大地震）。……，然後大地震之後，房子也判全倒，舊家沒了(C2033-2)。那時候學佛還是很重要，自己後來分析一下這個因果關係，……，想想可能是自己以前，可能是做了這些甚麼不好的事情，……（C2034-3）。

> ……基本上……，就把它想像說真的是以前的業報趕快讓它現前，而且消掉了，就承受掉了，後來想想就從因果關係來看，那也因為這樣的關係我搬去臺中住……，搬去臺中住之後……其實也不是壞事；我現在想想有時候人生的際遇是很難講的，當時那時候在○○（私立大學），……，假設沒有那個地震，我是不會離

---

[17] 護法謂保護、維持正法（即佛教）。傳說佛陀派請四大聲聞、十六阿羅漢等護持佛法。又梵天、帝釋天、四天王、十二神將、二十八部眾等善神聽聞佛陀說法後，皆誓願護持正法，此等諸神總稱為護法神，或稱護法善神。錄自《佛光大辭典》，p6867。

開○○(私立大學)的，……然後……就到國立學校去了，所以整個來看，有時候想想沒關係，我就隨順因緣，因緣這樣走，那往往越走感覺越光明(C2042)。

（二）忍辱承擔感得龍天護法[18]護念，增加禪修學佛的信心

在這兩年(當兵期間)我真的一些苦頭在那邊都吃盡了，真的都吃盡一些苦頭，那忍辱的工夫也是有啊，真的就是……忍下來了，做不對你就接受罵，人家不敢去做不敢承擔的，你就承擔下來，那個承擔下來是不一樣的，你只要接受它了，把它承擔下來，好好去認真執行它，龍天護法都會出現(C2047)。

……真的是很有意思……，所以後來我就覺得你把它承擔下來，你只要承擔下來，而且你的初發心是對的，承擔下來認真去做，都會有人幫忙的，所以你看這個隨順因緣，我把它承擔下來，也認真去做，……冥冥之中都有人在幫忙；所以我覺得我學佛之後，也助益我的信心，做甚麼事情只要是對的，你去做真的都很有信心，冥冥之中都會有感應(C2052)。

---

[18] 龍天護法指八部眾中之龍眾及天眾。即龍神諸天，為擁護佛法之善神，故有「龍天護法善神」之稱。錄自《佛光大辭典》，p6377。

肆、喜捨教授學習禪修正念對身心靈健康的影響歷程

一、心安理得可以高枕無憂，沒有煩惱睡眠品質提升

　　喜捨教授則談到，禪修正念對於身體健康的影響，個人體會是因為心安理得可以高枕無憂，心中沒有煩惱讓自己睡眠品質變得更好。

> ……像我自己本身覺得想睡覺真的非常快就睡著，其實是因為你心中沒有甚麼煩惱，沒有甚麼焦慮，真的當你可以看清楚這些世間的東西的話，你不會為金錢煩惱，像很多人是玩股票，錢賺太多也煩惱，虧本也煩惱，其實當你看清這些東西如夢幻泡影的時候，……真正修行得到解脫，是自己本身唯一條的出路，其他東西其實很快因緣散就沒有了，一切都是緣生緣滅，所以當看清這一點的話，……你心就比較清靜，自然就好睡（D2037-1）。

> ……古人講飢來吃飯睏來眠，我真的是睏的時候才睡覺，……，所以我有時候我會熬夜，……，然後已經到最後不行，實在是很愛睏了，……，真的有時候躺下去，真的不到兩秒鐘，睡著了，然後醒來的時候是隔天早上五、六點（D2037-2）。心中比較沒有這些煩惱，心就比較坦蕩蕩，……俗話說平時不做虧心事，半夜不怕鬼敲門，就是這個樣子，所以你就可以安穩地去睡覺（D3006）。因為你問心無愧，因為你坦蕩蕩，因為你跟人家解冤釋結，所以你覺得好睡，身體自然就健康了（D3007）。

二、禪修正念學習中對於覺性和心性的體悟

　　喜捨教授談到覺性和心性的體悟，以有趣的布袋戲劇中旁白說明覺性的層次；透過禪修正念的訓練，可以從不知不覺或後知後覺，逐漸進步到先知先覺，透過禪修訓練，去觀照自己那一念心；慢慢去觀察自己的起心動念，然後修正自己的心念，降伏自己的習氣，如此回復用功，心就會越來越清明。

> 布袋戲裡面提到「先知先覺」、「後知後覺」、「不知不覺」（臺語），其實就是在人裡面基本分為三類，……慢慢去禪修的時候，你在這個心上慢慢把它定下來，靜心、定心聆聽，你自己的起心動念你可以看得到；就是說你過去心比較混亂的時候，那個一般在佛法裡面稱作「迷」，你不知道自己本具這個心性的時候，你在那個時候你不知道你的起心動念的運作，那心的運作完全不知道的時候，其實就有點像西方的心理主義裡面講的，那個叫做每個人都有一個潛意識，這個意識他沒有辦法觀察到，如果是觀察得到的話它就不是在潛意識，它就是一個外在意識，……（D1017）。

> ……像有些人碰到逆境就生氣了，有被罵的啦！或摔杯子啦！碰到這個順的境界的時候啦，人家讚嘆你的時候啦！你也會被這些順境收服，那就是不曉得心念的起伏；但是你透過這個禪修正念在靜坐的時候，心慢慢安定的時候，初初看得到比較粗的這些方向，再慢慢看到比較稍微細一點，再過來就越來越細，所以心越細的時候，其實是你的心念的流動會越來越微細。所以從那邊你大概就可以去了解到，就是一般人比較後知後覺（D1017）。

……如果是先知先覺的時候，起心動念的時候你就知道我現在起這個心念，那當下就馬上知道……（D1018）。

所以基本上禪修正念對個人來講其實非常重要，為甚麼？因為人人都有這個覺知的能力，那這個覺知的能力通常因為你過去習氣非常重，所以你沒辦法降伏，變成說你要透過定力，然後透過這些覺照的功夫，慢慢慢慢把這些去轉換，就是把自己過去這些慣性的東西再去做這種轉換，思想就越來越清明，然後再過來他對自己情緒控制就會越來越好，我想這些東西是禪修正念對個人非常大的一個幫助（D1019）。

三、參加道場禪修法會出坡作務，練習覺察自己的起心動念

喜捨教授認為心性的道理，需要經常去體會和練習，例如出坡你可以就安於出坡作務，而各種法會活動也是一樣，在那個當下也要練習能夠不起分別心，安於當下因緣，隨時練習覺察自己的起心動念，不好的念頭就檢討修正，藉由反覆的練習，持之以恆即可日見功效。

……因為你覺得說來這個道場，這個師父、這個法門對你很有幫助，所以你會覺得說你願意用自己整個生命去投入在上面，這個精舍的禪修或者是山上辦這個法會的活動你都會去參加，為什麼？因為這些都是讓你練習的一個機會，因為所有外在的這些活動，不外乎就是自己心念的一些呈現，那這個心念呈現就是說我可不可以安住在各種各樣的境界裡面，比如說去打坐，那你可以安於靜坐，出坡作務你可以就安於出坡作務，……（D1020-1）。

因為你自己在參加這些活動的時候，你就可以去觀察自己的起心
動念，到底是起善念、起惡念自己就很清楚，但是你當下沒有那
個定力可以把它降伏，……，那就變成說你自己在後面再去慢慢
調整自己去檢討反省，然後就這樣子慢慢慢慢去用功，……，就
這樣反覆反覆去練習；所以我覺得在禪修裡面做某些活動，比如
上課聽師父的開示，然後去出坡作務，參加種種法會，然後去作
利益的布施去實行，都是去練習，對我來講都是練習，因為所有
這些外在境界都是這個心念的呈現，所以就用這種心念去慢慢磨
練自己（D1020-2）。

四、體悟因緣果報的道理，人生充滿了意義和可能性

　　喜捨教授體會因果的必然性，因此願意當下承當已有的果報，並在
因地上積極努力用功，體悟因緣果報道理後，覺得自己所有的一切乃至
未來，都掌握在自己的起心動念當中，因此感覺人生充滿了意義和無限
的可能性，人生轉為更為積極。

佛法裡面把這個三世因果點出來，……，就是說前世因今生果，
今世因就是來世果，人的壽夭跟這個窮通其實都有它的前
因，……為什麼這樣呢？那不是很不公平嗎？那不是生在王永慶
家裡面，生下來就家財萬貫，我就不用努力是不是？為什麼生在
窮人家裡面去？這道理就講不通；但是從佛法的角度裡面，就看
到原來這些東西……現在這些的果都是過去的因，那我的未來果
我現在可以掌握，……，就是說主動權在我手上，我要造未來好

的果，那我現在就必須造好的因；那我現在的果，好的果、惡的果是我過去做，那過去做是因為我過去不了解，就這樣子去承擔它……（D1047-1）。

……，如果你知道我要得到甚麼結果，要靠自己努力，這時候因果關係知道說自己要對自己負責，你就會覺得這個生命對自己非常有意義，所以未來都掌握在自己手上，不是掌握在任何誰的手上，你就會覺得人生充滿了意義，覺得這個佛法的道理非常的圓滿；因為有三世因果的關係，這個空間上下十方幾乎說，你可以看到這個世界裡面所有東西都被這個涵蓋底下，你就會覺得說這是一個非常圓滿的道理，所以願意從這條路去修行（D1047-2）。

伍、法喜教授學習禪修正念對身心靈健康的影響歷程

一、放下對食物的執著自然茹素，欲望減少神清氣爽安然入睡

　　法喜教授分享因為太太色身緣故無法吃肉，於是就陪著一起吃素，漸漸放下對食物喜惡的執著，後來就逐漸自然改為茹素，同時也體會到當欲望減少時，吃什麼都好，睡眠的品質也很好，正如同《八大人覺經》[19]所云：「多欲為苦，生死疲勞，從貪欲起，少欲無為，身心自在」。

---

[19] 錄自 CBETA（2009），T0779，《佛說大大人覺經》。

……當然這個學佛自利，的確最直接的就是色身它的這個益處，那就是因為這個欲望不會變成是一個……太多的干預，自然就是不會覺得吃不好、睡不好，因為不是太多欲望去駕馭這個念頭的時候，自然就會比較神清氣爽，……（E1179）。

這個……就是很簡單的那種邏輯吧，事實上就是剛剛您講的，無非就是滿足自己的需要來看待這個世界，這當然是妄念的一個產品（E2136）。沒有，沒有（指睡眠困擾），這個一直都很好，我從來沒有這個睡眠的這個干擾的問題，就是說……不會有這方面困擾的問題（E1184）。

二、體悟妄心執著是煩惱根源，隨緣盡份時時放下與提起承擔

法喜教授提到，禪修中體悟佛法妄心和真心的道理，也瞭解到一個人的妄心是煩惱根源，因此提到高等教育工作者面對壓力引起煩惱時，要時時提起覺性，從煩惱的妄心中解脫；在工作時也是一樣，時時將我執我見放下，隨緣盡份提起真心承擔當下因緣。

面對很多壓力(指高等教育工作者)，我剛剛講的當然就是煩惱，……，那這個地方就是看他自己心是放在煩惱上面，還是放在說我如何解決煩惱上面去……解決煩惱的問題，那這裡的問題就是自己要去……去做個掌握（E1177）。就是不要陷入這個沉溺於所謂這個煩惱，應該去面對煩惱，那我怎麼解決這個煩惱，還是一樣就是從這個……認知現在面臨的是甚麼事情（E1178）。……我們通常煩惱無非就是陷在過去和未來，陷在過去的挫敗，那麼

害怕未來的不確定，那當然就一直處於不安定的煩惱狀態（E1183）。

就像人的慣性就很容易有這種讓我們挫折生氣的機會，所以在這上面如果要去斤斤計較，你反而是自己該做的事情沒做，所以還是回到就是說隨緣盡份，這是○○○（法師）講的「隨緣盡份」；當然這個「隨緣」就要注意到他講的那個是承擔的意思了（E2150）。……，然後「盡份」就是甚麼？就是剛好在同一件事情，你就……該做甚麼就做甚麼，那這樣子就自然慢慢慢慢不會被這個因緣法三毒把它拖住了，這個既然是每天都清淨的，那不利的條件就不會出現，所以不利的條件出現通常都是因為自己招來的（E2151）。

三、體會聞思修三慧入三摩地[20]，願學習菩薩發四弘誓願[21]

法喜教授體會到，清靜心要能隨時保持不容易，唯有從聞思修上多用功，沒有捷徑可走。此外，也經常要學習菩薩發四弘誓願，所謂眾生無邊誓願度，煩惱無盡誓願斷，法門無量誓願學，佛道無上誓願成，如此才會與菩薩廣大心量相應。

的確這個還是要回到不停的聞思修，還是靠這個方法，……就是

---

[20] 又作三昧、三摩提、三摩帝。意譯為等持、正定、定意、調直定、正心行處。即遠離惛沈掉舉，心專住一境之精神作用。錄自《佛光大辭典》，p670。

[21] 一切菩薩於因位時所應發起的四種廣大之願，故又稱總願。又作四弘願、四弘行願、四弘願行、四弘誓、四弘。六祖壇經云：(1)眾生無邊誓願度，謂菩薩誓願救度一切眾生。(2)煩惱無盡誓願斷，謂菩薩誓願斷除一切煩惱。(3)法門無量誓願學，謂菩薩誓願學知一切佛法。(4)佛道無上誓願成，謂菩薩誓願證得最高菩提。錄自《佛光大辭典》，p1677。

要聞，多聽，還是要多聽這個大善知識的開示，……（E2152）。所以那個方法上其實是一樣的，……，你如果自以為是，當然你要期待說自己能夠清淨是不可能的，聞思修還是基本的一個條件，它一樣的，它沒有甚麼便捷的道路（E2153）。

就從根本，因為它就是一個入門的一個條件，這個當然就是包含甚麼，一個修行者他永遠都是要這樣做，它不但是入門，而且是永遠都是這樣子，所以為什麼我們講說四弘誓願裡邊講說「法門無量誓願學」，為什麼說這個「佛道無上誓願成」，這是聞思修是一樣的道理啊，你沒有這樣多聞，怎麼會有法門無量，你怎麼會知道？（E2154）。那麼這個修正當然是甚麼？就是眾生無邊誓願度，你就是一直要去證己這個量多大（E2156）。

陸、慈悲教授學習禪修正念對身心靈健康的影響歷程

一、學習禪修正念轉折過程，從消極處事到積極任事

慈悲教授提及，開始學佛過程中，對於出世間法的不執著尚未能真正體悟，不執著反而變成不積極去爭取一些機會；及至後來體會要利他必須先自立，自己有能力才能幫助學生，為大眾利益可以義無反顧去爭取。逐漸明白「瑕滿人生」的觀念以及因緣果報和緣起性空的道理，體會善觀因緣，只要再因地上努力，果報自然現成，至此人生態度轉為更積極。

……當有些比較出世的觀念之後，你對於很多世間上的事情其實是不會願意去積極的投入的，那時候我的一個困擾就是我對很多事情，其實是不會很有動力的，可能這個是一開始學禪修的一個副作用吧！這也許不是學禪修的問題，這也許是自己個性的問題，不太會去跟別人競爭，你不太愛跟別人競爭，其實無形當中你其實會失去一些機會，然後也不會去造就一些緣起，然後自己在這方面的磨練，相對來說其實是比較少的（F1077）。

這部分的轉折哦……對我來說，就是……我不知道該不該用菩提心來形容這個事情耶，就是說你可以不要為自己爭很多事情，但是你碰到大眾的事情的時候，那時候怎麼做其實就很明確的；像我不太會為自己爭一些權益，可是當我碰到學生的權益的時候，其實我會願意幫學生去爭取，那碰到我們在做大眾事情的時候，我們也知道說有些堅持是一定要有的，因為這樣子才是對的（F1079）。

……我覺得站在利他的角度，其實我比較容易去積極的爭取一些事情吧，至少對我來說是比較容易升起那個心（F1081）。

……後來我了解到，在佛法上我學到要利他也要自利，早期我蠻容易忽略到自利這件事情上面，那後來了解到說對周圍的人、對學生、對同事都要有影響，其實自己是一定要自立，我一定要夠好才有辦法；我們在做研究工作的時候，帶領學生也是一樣的道理，就是我一定要夠好，我才有足夠的條件去指導學生，去幫助學生去做正確的事情，這時候就碰到開始讓我思考說「我到底欠缺了哪些好的條件我沒有的？」在思考這些事情當中，其實過去的那種無奈或是說那種比較消極的那種態度，其實就會被扭轉過

來（F1082）。

二、體會心性和緣起性空與利他慈悲的道理

　　慈悲教授提到，體會心性和緣起性空與利他慈悲的道理後，比較能放下我執和瞋念，也比較不容易生氣。因為任何一件事物的產生，都是仗因托緣所生，因緣俱足就現前，緣盡也就消失，瞭解後就比較不會執著；同時也體會當慈悲心升起時，就能降伏自己的瞋恨心。

　　……有時候我們常常遇到煩惱不知道它是煩惱，遇到苦不知道是苦，也不知道它的問題在哪裡。了解到「心」之後，其實對很多事情的看法就會變得不太一樣，我們對世間上很多一般人堅持的事，或者是他們的所作所為，以前都會有一些很直接的反應，後來慢慢會用一種比較不一樣的角度去看。我覺得有一個比較大的轉變是說，至少我自己好像……就不太會生氣。以前其實也不是很容易生氣，可是你或多或少會知道說有些事情會讓你覺得不高興，但是了解到「心」這個東西之後，也了解到一些因緣的道理，其實會對生氣這件事情好像就會比較不相應（F1047）。

　　……，後來也有參加過○○辦的禪七活動，……，那我們就會意識到那些過去的東西其實是一種虛妄的，它不是真實的；其實現在發生的事情也是要過去的，就會意識到很多事情有它虛妄的一面，那個虛妄的一面就是它的因緣已經消失的時候，那個就是沒有了。如果說我們還是念念放不下這些事情，還一直執著為真，這個東西的問題就會出現在自己身上，其實就是自己變得很顛

倒，才會執著在那些事情上面，藉由這樣的體驗，就會對很多事情的執著的態度就會放下很多（F1048）。

……很多人的舉動跟反應，其實只是他的習氣，像我們常常在帶學生的時候，你會發現到有些學生的反應跟我們的預期會有很大的落差，學生有時候真的就是要教，要慢慢好好教，所以剛剛提到一方面不太會生氣的原因是因為說好像對「空」這個道理有一點稍微體會；另外是因為我覺得「慈悲」才是一個比較主要的因素，我以前就有注意到一件事情，就是好像還蠻容易原諒一些事情的，不管是原諒人，或原諒……就主要心裡面要能夠興起那個要「利他」的慈悲心，其實這種瞋念就可以容易放下來（F1051）。

三、透過「觀功念恩」檢討反省，瞭解正確知見和人生的道理

慈悲教授認為，學習禪修正念過程中，最受益的是隨時檢討反省，透過省思「觀過念怨」「觀功念恩」的道理，改變自己不好觀念和習氣，進而讓人生受用；瞭解佛法的正確知見和道理，歡喜學習佛法，覺得學佛是件十分開心的事。

……「觀功念恩」，……指的就是說我們要去看人家的優點，而不要說專挑缺點看，我們的習氣都是很容易去看人家的過錯，然後把人家不對的地方記在心裡面，這個就是我們的習氣，就是「觀過念怨」；我們不斷觀人家的過，然後不斷把對人家的怨氣積在心裡面，那這樣子的結果會讓我們更快樂嗎？其實不會，……我們的習氣就是「觀過念怨」，所以導致說不管是在人

際關係上，在親子關係上或者是夫妻關係上都出現很多的問題，
然後還一直覺得說都是別人的錯，都沒有稍微反省檢討一下自己
是不是能夠做一些調整（F2012-1）。

……「觀功念恩」其實是軟化我們心念很好的辦法，一個人不管
他再怎麼不好，其實都有他的功德，只是我們不去看它；那一個
再不好的學生，也有他的優點，如果說我們把焦點多放在他的優
點的話，他的優點就會給它不斷的養分，那他的優點就會越長越
大；當我們不斷的去觀他的過時，就是給它的過失不斷的養分，
那個東西就越來越大，所以說表面上看起來好像是對方的問題，
實際上我們也是助長這個原因的……這種現象的一個推手
（F2012-2）。我覺得學佛之後其實是蠻開心的（F2040）。對！
尤其是在蠻多道理上面或是一些知見上面被扭轉過來的時候，然
後又發現其實是受用的，就會蠻開心的……（F2041）。道理很
淺顯但是蠻受用的（F2042）。

柒、綜合討論

一、禪修靜坐學習與睡眠品質的改善

在分享禪修正念學習過程中，有四位教授（包括菩提教授、禪悅教
授、喜捨教授和法喜教授）談到對其身心靈健康影響時，均表示禪修有
助於改善其睡眠品質。其中菩提和禪悅教授初初是為了改善睡眠品質和
身體健康而學習禪修靜坐，其後持續用功也都達到其預期效果；而喜捨

教授談到禪修正念對於身體健康的影響，體會是因為心安理得而可以高枕無憂，睡眠品質自然變得很好，只是禪修的附帶好處。法喜教授則認為是欲望減少時，自然能神清氣爽安然入睡。以上本研究有關禪修正念可以提升睡眠品質的結論，與國內外研究和科學實驗報告（如胡君梅，2012; Biegel et al., 2009; Harvard, 2014），有相同的結論，亦可以相互應證。上述菩提、禪悅教授初初從身體健康而學習靜坐，以及喜捨、法喜教授的見解體會是心理因素（心安理得和和欲望減少）提升其睡眠品質的主要原因，和楊定一（2014）所指出大多數人從身心的益處開始靜坐，過程中不但改善身心的健康，最大的利益是「找到真正的自己」，有相同的結果和彼此驗證。

二、學習禪修正念過程啟發慈悲心，飲食自然而然改為素食

六位教授學習禪修正念過程中，都自然而然將飲食改為素食；其中菩提教授分享禪修中體會眾生皆有佛性啟發慈悲心，飲食因而改為茹素，同時對身體健康也有所提升不容易感冒；禪悅教授則是在學習禪修靜坐過程中，為達到健康目的同時也是想提升靜坐的效果，因此發心開始吃素，除了發現對靜坐和身體健康的確是好的助緣，也體會到茹素可以增長慈悲心；喜捨教授是大學時期參加佛學社團開始逐漸吃素，當兵退伍後改為全素，主要是因為體會佛法中三世因果和六道輪迴的道理，不忍食眾生肉，同時也是長養慈悲心緣故，不因為了滿足自己口慾而傷害眾生生命，吃素感受清淨的食物會讓感官更靈敏；而慈悲教授則是自小即不喜葷食，體會利他慈悲的道理後，就能降伏自己的瞋恨心。

上述有關學習禪修正念後啟發慈悲心的結果，與楊淑貞等人（2007）研究中發現，禪坐之自我療癒力（慈悲是重要因素之一），對

壓力、憂鬱、焦慮有降低效果，同時可以提升幸福感；另 Hölzel 等
（2011a）科學實證亦指出禪修可以重塑大腦提升大腦功能，其中與自
我意識，同情心和反省相關結構的灰質密度增加，表示參與者對自我意
識，同情心和反省能力有所提升；另楊定一（2012）表示，「慈悲」是
我們每個人都本有的，就好像我們每個人都有的清淨心一樣，我們只要
恢復回到慈悲就可以了。前述相關研究的結果，相互可以得到呼應和驗
證。

三、學習禪修正念後會自我覺察能力提升

本研究中，菩提教授分享學習禪修正念後，會提升自我覺察力，處
理事情用覺性而不是慣性，可以減少人與人之間的許多衝突。明心教授
談到禪修體會「心性」的道理後，當心非常清明觀照，自我覺察能力很
強的時候，會清楚看到自己和他人的起心動念，加上對空性的體悟，自
然能放下自己的的堅持，可以避免許多待人處事上的障礙。禪悅教授指
出，靜坐中因為我們修了數息觀，念頭會更細一點，整個觀察力也會更
細一點，自然提升專注力和自我覺察力。

前述觀點與張愷晏（2010）研究結果顯示禪坐經驗於自我覺察能力
方面，變得更清晰和清明；同時個人的專注度與穩定度也有所提升，有
相同之處；另亦與國外研究結果（Moore & Malinowski, 2009；Semple,
2010）相同，亦即禪修靜坐可以有效提升專注力和自我覺察力。

四、學習禪修正念提升身體與心靈的健康

國內外研究結果指出，禪修靜坐可以有效改善焦慮、抑鬱和壓力感

（例如：胡君梅，2012a；楊定一，2014；楊淑貞等人，2007；Biegel, et al.,2009; Oman et al., 2008; Harvard, 2014; Beauchemin, Hutchins & Patterson, 2008; Murphy, 2006; Palmer, 2009; Crane et al., 2010）；另亦可增加生活幸福感（例如：朱嫺玢，2008；楊淑貞等人，2007；Biegel et al., 2009; Harvard, 2014; Hennelly, 2010; Weare, 2013）。

　　本研究六位教授有關學習禪修正念對身心靈健康的影響歷程中，菩提教授提到，體悟佛法覺性和空性的道理後，以覺性取代習性處理事情，較不執著和容易放下，人與人之間衝突相對減少，自然較不容易焦慮和抑鬱；明心教授則分享最近打完禪七後，更深刻體會清淨的心性，當清淨心現前時就彷彿是當下繁花盛開，常常有法喜充滿，有一種幸福的感覺；慈悲教授則提到，當體會心性和緣起性空與利他慈悲的道理後，比較能放下我執和瞋念而不容易生氣，也體會當慈悲心升起時，就能降伏自己的瞋恨心；此外，瞭解佛法的正確知見和道理，歡喜學習佛法，覺得學佛是件十分開心的事。菩提教授、明心教授和慈悲教授的體會與前述研究結果，有關禪修正念可以有效改善焦慮、抑鬱和壓力感，增加生活幸福感，有許多相同之處。

五、體會佛法因緣果體的道理，改變人生觀和生命的態度

　　喜捨教授體會因果的必然性，覺得自己所有的一切乃至未來，都掌握在自己的起心動念當中，因此感覺人生充滿了意義和無限的可能性，人生轉為而更為積極。慈悲教授體會要利他必須先自立和自利，自己有能力才能幫助學生，為大眾利益可以義無反顧去爭取，明白「瑕滿人生」的觀念以及因緣果報和緣起性空的道理，體會善觀因緣，只要再因地上努力，果報自然現成，人生態度因此轉為更積極。上述體悟與

Weare（2013）研究禪修可以增進更積極的行為和人生觀，以及徐潔華（2010）研究中發現，禪修者所養成的反思能力與內省習慣，加上其佛法思惟，對其生活態度和生命意義有全面性影響，為他人著想會採取利他的行為，有相同的結果。

第三節　禪修正念對從事教學、研究、輔導及服務工作的影響

「一念心清淨，處處蓮花開，一花一淨土，一葉一如來。」

－－－唐・龐蘊－－－

壹、禪修正念對從事教學工作的影響

以下茲就六位共同研究參與者，就其禪修正念學習的體悟和心得，運用於教學、研究、輔導及服務工作的相關實例和體會分別摘錄和詮釋說明如下。

一、禪修正念對菩提教授從事教學工作的影響

（一）因勢利導耐心帶領學生，隨時提起覺性放下我執

菩提教授認為帶領學生也是隨時要覺性提起，如同菩薩瞭解眾生的根器和習性，不但要有耐心還要因勢利導，以學生的利益為利益，把個人我執我相放下，如此才能夠真正幫助學生，也是在利他當中也完成自利。

……你就是不能急，你就按部就班跟學生，因為你要先了解學生，……我們都會認為說學生就是我以前的那個態度，但其實是不一樣的，就是說你要做一個調整，因為現在的學生跟你二十年前、三十年前的那個當學生的態度跟那個環境是不一樣的，所以你要用他們的方法去做出你所想要他們做的工作內容和研究的一個結果(A2012)。

……，一定是自己要先安住，現在有很多的衝突是在於說，教授很急，他希望可以 push……那學生，……但你 push 不起來，因為他第一個工作態度，他的專業的能力，各方面能力，他一定不是你所想的那個樣子……(A2013)。

……我們講說……心要比較定一點，就是說你要把「我」，把它真的要降到最低，在那個過程裡面，在教學過程裡面要把「我」降到最低，這個我們跟○○○(法師)修行其實有這麼多年，我覺得我……最印象中最深刻的就是說，你看○○○(法師)在開示兩個多小時、三個小時，他很少提到「我」這個字，講的都是「法」，而不是「我」(A2034)。

（二）從利他觀點出發，國內大學中首先實施課堂禮儀

菩提教授分享其實施課堂禮儀，例如上課起立敬禮等的心得，他認為學生是可以學習和教導的，端視我們用什麼心態去看待和帶領，並認為如果尊敬師長的行為對學生、家長、學校和社會都有幫助的事，既然是利他的事，就應該從自身開始去實施，於是率先在國內大學中實施課堂禮儀。

……在課堂上面，我就是教他們一些生活的這些禮節，起立敬禮，就是之前跟大家分享過要求他們一定要這麼做，我會把這個東西先跟他們講清楚為什麼這麼做(A2069)。……我做得都還蠻順利的(指實施課堂禮儀)，就是說你要事先要跟學生先講好，……，其實我覺得有時候我們是比較保守，因為我們不敢踏出去，做一些新的嘗試，但是其實是可以的，而且學生可能也很喜歡老師做一些新的嘗試(A2070)。

他(指學生)其實也是很渴望教室裡面的這種學習環境會更好，所以……有時候我們可能真的是被一些 data (指社會風氣或環境)被它騙了，你好像以為大家其實都是這樣子，但是其實也有不少的同學是……其實他們學習的態度，他們的這種期望，他們都還很好，所以……你要兩邊都看，但是當你要提升他們的時候，你要去看比較正面的那一部分，……(A2071)。

……我們教的東西都是會讓父母親很高興的，會讓他們學習很好的，會讓我們教學都很好，為什麼不去做？如果說我們教的東西會讓父母親擔心，會讓學生去告到學校去，……那當然我們可能就要小心一點，但是我們現在教的東西都是對各方面都是好的，對國家也好，對學校也好，對社會也好，對學生也好，對老師也好，為什麼不去做？（A2072）。

二、禪修正念對明心教授從事教學工作的影響

（一）參加禪修課程再教學上課，心念更清明思緒也更有脈絡

有關禪修對教學工作的影響，明心教授談到，每次自己上完禪修班
楞嚴經開示後再去學校教課時，心念會比較澄明，引導學生也很容易理
出脈絡，更能夠提綱契領。

> ……如果我們不能體悟到空性，我們事實上都常常會有執著跟我
> 相，因為師父開示《楞嚴經》講得很細，會舉很多的例子，那生
> 活的例子，時事的例子，甚至社會上碰到的一些事情，師父都會
> 融入在課堂上來開示……（B1033-2）。……上完課（禪修班《楞
> 嚴經》開示）再去教課，心念更加澄明，帶領學生很容易理出脈
> 絡的，因為佛法本身就是非常有層次，……（B1034）。

（二）將佛法恭敬、慈悲和智慧理念融入教學內容

明心教授提及，老師要教給學生的不只是專業的部分，更重要的是
品德和核心價值，因此在利他教育論壇等場合中，提出教室課堂倫理，
希望帶動教授們能各自在大學校園中推動實施。

> 從課堂倫理開始，然後第一個就是課堂的問候，課堂的感謝，就
> 是起立敬禮這樣的一個作法，……。我覺得甚麼事情就是先從改
> 變自己最快，第二個就是課堂的三十分，就是課前、課後、睡
> 前，或者是自己一天累的時候，留十分鐘，給自己十分鐘靜坐。
> 再來就是將佛法的慈悲智慧融入教學……（B2064）。

（三）引導學生論文寫作要自利利他，學術追求要忠於自己的生命意義

明心教授也會把個人在佛法理念的體會跟研究生分享，包括自利利他和慈悲喜捨，以及關懷他人和回饋社會的精神，引導他們做學術研究。此外，也鼓勵學生做學術追求要忠於自己的生命意義。

> ……我常跟學生說寫論文一定要發願，……，論文題目一定要回到衷心關懷的對象，我指導論文都會問學生，你為什麼要做這題目？這題目是為誰而做？為什麼要關心這群人？你希望能夠為他們做甚麼？（B1055）。它的意義，它應該是跟你的工作，跟你的人生、生命是結合的，我鼓勵他們朝著這個方向做（B1056）。……引導他們對社會發揮正面的影響力，我在這個部分引導頗多，……（B1059）。

> ……，我常跟學生開導寫作的題目要忠於自己的生命意義，不要為了發表而去發表，不要為了獎金而發表，那是附帶來的，不是你的最主要的目標，如果沒有建立這樣的價值觀會迷失，因為學術界有種種名和利的誘惑，榮譽、獎勵、鼓勵，雖看起來是往前走，但可能有很多我們自己看不到的貪著和傲慢（B1077）。

（四）提出教學二十八十的理念，引導學生學習慈悲和智慧

明心教授提出課堂二八理念，希望課堂中設計百分之二十的時間，用來引導學生有關品德和核心價值理念，或是帶入西方所推的正念，讓學生定心靜心後專注學習百分之八十的專業內容。

> ……人類本身本具就有這樣子的一個潛力跟天賦，這個部分就是

所謂二十八十的法則；我想推動 20/80 的教學原則，可以把二十分鐘的時間來學習慈悲和智慧，八十分鐘學習專業，學習效果一定好……（B2065）。這只是一個觀念的轉換而已（B2066）。

三、禪修正念對喜捨教授從事教學工作的影響

喜捨教授認為，雖然在教學上已經很認真備課，但檢討反思後發現，自己上課時覺性未能時時現前；如果是覺性存在，縱使是責備學生也是一種基於慈悲心的關懷，而不是老師情緒的發洩，學生是可以感受得到。

> ……你在教書的時候就會盡自己所能，利用時間去備課……（D1038-1）。以前教書就很自然就是拿起這些講義，或是拿起這些課本或是自己準備好這些教材，然後就在黑板上面就會直接跟學生去講，你不知不覺就這樣上完一堂課，然後上完課出來之後，你就會覺得我剛上課的時候我的覺性在哪裡？（D1029）……當然你也上得很愉快，跟學生互動也蠻好的，但是你那個靈知靈覺的覺性突然好像不見了，所以後來就會覺得我更應該在教學時候，也能夠提起這個覺性，……那這時候你在教的時候，其實你心裡面會更加的清淨，你心境在啟動的時候會很清淨（D1030-1）。

> 我記得有幾次吧，我對那個印象非常深刻，學生考完期中考，他們考得不是很好，……，然後就會對他們有一點責備，……，就是說你不是因為很生氣，然後呢對他們很嚴屬的責備，而是帶一

種愛心、帶一種慈悲心的責備，所以學生在聽到這種責備的時候，其實他不會覺得說受到一種傷害，……所以你會覺得當你可以時時刻刻保持這個覺性在上課的時候，……，其實它的副作用基本上是沒有的，而是得到一種正面的東西，……，就是說老師會對他們責備，事實上他們會覺得自己很難過，為什麼自己不夠努力用功？沒有達到老師的要求，所以我覺得這種禪修正念，在這教學上面有這種好處（D1030-2）。

四、禪修正念對法喜教授從事教學工作的影響

（一）無為佛法不離有為世間法，教學當中將佛法融入相對因緣法

　　法喜教授學術專長是法理學，學佛後體會法律是相對法，它是因緣法，它是因應世間要規範人的貪瞋癡才會有法律；而佛法則可以幫助人們除去貪瞋癡的念頭，法喜教授同時也將此佛法的道理融入課堂教學當中，因為唯有減少人的貪瞋癡念頭，才是正本清源的方法。

　　有為法（指法律），為什麼能夠這樣講呢？那是中道實相……那個體會才會知道，這個就是會看到說法律為什麼它永遠都是有限的？為什麼永遠都會有瑕疵？因為它其實有為法，它是相對法，它是相對法裡面的最高的那個法則，是相對法；所以我會很容易講清楚說什麼叫這個古希臘裡面所看的正義是甚麼東西，那麼古希臘裡面有幾個哲學家它也講到很類似我們中道實相的觀念，就是講到心物合一啊，就是真空妙有，它也有這樣的觀念，但是真正講到法律它事實上是有為法，這個是在教學裡面，我很容易去

說明這個佛法的原因，是因為法律本身就是一個規範（E1127-2）。

⋯⋯其實佛法它不是世間法不相容的事情，所以我在教法律，特別以法律本身就是一個規範的知識來講的話，佛法很容易融入到裡面，它就是最終那個正義的概念當中，往往它就是要講佛法的事情，⋯⋯（E1123）。⋯⋯法律是相對法，它是因緣法，它是一個人的貪瞋癡才有法律，⋯⋯但是它是個規範（E2094）。它是一個規範，⋯⋯，所以它在描述甚麼應當、不應當的道理，⋯⋯（E2095）。這個宇宙、這個世界、這個社會、這個家，它要怎麼樣才能夠達到最和諧的狀態，那個法就是我們要遵守的規範（E2097）。

（二）教育的目的是培養完整人格，去除貪瞋癡人格即可完整

　　法喜教授談到，我們教育最重要的目的是培養一個人完整人格，去除一個人的貪瞋癡，人格即可完整，而法律只是規範人的貪瞋癡，並無法完全去除人心中的貪瞋癡，因此要回歸人的本質，體悟這念清靜無為的心方可達到完整人格，而佛法也是講去除人心中的貪瞋癡後成佛，就教育而言是同樣的目的，因此人成即是佛成。

⋯⋯法律它最困難的是甚麼？就是讓學生知道說它本質是甚麼，那這個地方我當然就會用了佛法這個觀點去詮釋那個本質的意義，就是說最簡單的講就是說法律如果是規範的話，那麼它一定有一個究竟的目的，這個究竟的目的，最簡單的講就是希望每一個人都能夠成為一個完全人格的一個人；⋯⋯我自己因為是學法理學的，所以我就會去描述說這個法的究竟目的，就是說人世間

為什麼會有法呢？當這個法出現，它最開始人類知道說我們生活要有法，可見這個法的出現是說我們最完美的狀態，就是要遵守甚麼樣一個規則（E2096）。

當然就像我剛自己講的，就是要把自己這個教育的目的是你的人格完全正常發展，每個人都應該這樣子，所以正巧這個跟佛法講的是一樣的，就是要慢慢地去除這個不好的這個東西，這個人格的圓滿事實上就是人成的意思，而人成即佛成，這個人成為什麼人？為什麼成呢？怎麼才可以成人呢？應該是回到人本來的那個本質，我們是因為人已經掉到這個這種……就是等於說五濁這樣一個狀態之下，……，可是我們本來不應該是這樣子，所以慢慢慢慢回到就是人成，就是回到你本來應該有的那個本質（E2143）。

五、禪修正念對慈悲教授從事教學工作的影響

慈悲教授體會到，如果以慈悲利他之心帶領學生，以學生成就為成就，就能在利他當中完成自利。同時設身處地以同理心為學生著想，發現學生的優點和耐心鼓勵，善巧方便引導。慈悲教授同時也體會到次第和方法的重要性。

……所以當我們碰到學生、處理學生事情的時候，就比較會站在那種想要幫學生的角度去看它，……比如說可能該報告的沒有報告，作業沒有交，甚至於還有考試作弊，偶爾學生也是會沒大沒小的，……，那這些東西都是在學校常會發生的，但當我們站在

一個角度就是比較願意去幫學生，因為學校畢竟就是一個教育單位，我們不是司法單位，不是說你說錯了就要懲罰你，……，但是那個東西不是當下我在生氣的時候去告訴他你不對（F1052-2）。

……，要很有耐心的去帶學生，可是又不要讓他產生太大的挫折感，那時候就變成需要一方面要鼓勵他，然後讓他願意多做一些嘗試，然後不要一開始把太高的標準放在他身上，因為他做不到只會讓他造成挫敗、挫折，……（F2015）。

……帶學生的方式，就是要讓學生讀一些比他現在程度稍微難一點點的東西，道理其實是一樣的，就是在強調那個次第，因為我們就是要不斷的不斷的進步，然後持續很久的這樣進步下去，那就會越來越好，沒有甚麼事情是一步就可以到的，那我覺得這個東西就頗有體驗、體會的就是說做事情真的就是要一步一腳印，然後要很扎實的堅持下去，那只要確定方向是對的這樣就好了（F2044）。

貳、禪修正念對從事研究工作的影響

一、禪修正念對菩提教授從事研究工作的影響

（一）隨緣盡份研究發表，回向[22]祝願順利升等

　　菩提教授分享其研究升等的過程和心得時提到，因為有學習禪修正

---

[22] 又作迴向、轉向、施向。以自己所修之善根功德，迴轉給眾生，並使自己趨入菩提涅槃。錄自《佛光大辭典》，p3784。

念的影響，體會因緣果報的道理，因此比較能夠隨緣盡份去做研究發表，並以平常心看待升等這件事，在過程當中作晚課時也會作功德回向，最後順利完成升等。

> 升等……升等我算是還蠻順利的，我回到○○(大學)去之後，大概第三年我就升等了，那時候就從副教授就升等(教授)(A1043)。……在發表 paper 這一部分都沒問題，大概很快三年之內就有……SCI 的點數，大概20幾點，……。我們有很明確的一個標準，……我們升等是 15 點……(A1044)。那我就是當然遠遠超過那個點數，那中間當然我想應該是有一些東西……就是說我想還是禪修正念這些東西，應該對這個事情(指升等)是有一個幫助的……(A1045)。

> 不要把這個事情看的那麼重，但是他們有很多人很在意這個升等，……，我那次想說反正過就過，不過明年再努力，就隨緣這樣子，所以……反而你不太去在意這個事情的時候，其實它反而會去跟隨你，……那個時候我印象很深刻，在家裡會做晚課，那就要回向啊，回向給哪些？比如說○○系的這些教授們大家身體健康啊，研究成果良好，回向給他們；那一陣子幾乎都做這樣子的一個思惟，做這些回向，我想這個應該也是有關係的，……(A1047)。

（二）從利他出發指導學生作研究，學生成就後個人學術亦受益

　　菩提教授分享他指導學生的心得是，要從利他的因地心出發去指導學生作研究，因地心不同果報亦不同，如果以利他的觀點去訓練和指導

學生，最後師生關係比較好，自己學術研究亦會受益；相反的如果是從自私要求學生只做跟自己論文發表有關實驗，最後傷害學生也傷害自己，這也驗證佛法上因緣果報的道理。

> 我想應該是因果的關係，因為我知道比如說我只要認真做，好好指導這個學生，因為……指導學生講起來，我的想法我不是要叫他們去發表 paper……(A1050)。……，但是我的想法是說你收了這個研究生做學術、做研究這東西，因為你要培養他這方面專業的能力，你的目的不是為了要發表 paper，你的目的是要去藉這個研究題目去訓練這個學生，在○○(學術領域)這部分的一個概念、能力跟他實驗的操作，你把這個東西都訓練好了，都做好了，他 paper 就自然就出來了……(A1051)。

> 對啊！你就站在其他人的立場想，我當然希望說我可以發表paper，如果說他要畢業的話，論文寫好，可以找到工作，這個我們要幫他想，我們不是只能跟學生講說我要甚麼東西，我們要反過來想說，我們幫助學生甚麼事，再獎勵他，就是這個啊，我們先利他，之後……其實就是自利啊！(A2018)。

> 你如果很相信說利他就是自利的時候，你幫助學生是不是……(A2020-2)。一定有一個成果嘛(A2021-2)。……如果說你相信這樣一個邏輯的話，讓新進的老師看到這樣子的一個因果的關係(A2022)。……我不是說我今天讓你做這個實驗，明天讓你做那個實驗，那個關係是很不好的 (A2023)。但是自私是傷害自己(A2024)，……傷害學生也傷害自己，所以佛法裡面教我們的這個東西(因果的道理)，我覺得把它應用出來還蠻有趣的(A2025)。

二、禪修正念對明心教授從事研究工作的影響

　　明心教授認為，高等教育如果沒有良知的話，其實很容易迷失。教授們也許在某方面專精但是並不一定廣博，因為不廣博，這樣的專精反而容易偏執。學界有許多的補助，如果只是迎合政策爭取經費，不一定能永續發展，反而形成一種浪費，這種價值觀的錯誤引導會形成惡性循環。

（一）學術研究要忠於良知，不只為爭取經費而寫計畫

　　　　高等教育如果沒有良知的話，其實很容易迷失，政策往往會被我們的專業領域限制，我們也許在某方面專精，但卻不廣博，由於不夠廣博，那個專很容易偏（B1080）。就是以偏執的專業 mislead 政策的發展，這是很危險的，也很容易造成惡性循環（B1084）。

（二）以正念和善法引導研究團隊，成員們也受到正念的影響

　　明心教授在帶領研究團隊時，因為成員不一定有禪修正念的基礎，在初期時會先用真善美聖的善法來作溝通，進而再用正念來引導，凝聚大家的價值觀和理念不斷地給團隊成員成長的機會，成員們也會受到正念的鼓勵，彼此之間學習放下我執。

　　　　……幾年前我成立一個研究團隊，……，有○○（宗教團體 1）的，有○○（宗教團體 2）的，大家在道場薰修的理或有不同，薰修的修行法門也有不同，……，但大家大概都有因緣果報的體

認，一開始從真善美聖的概念引導他們（B2022）。……他們會覺得在研究團隊的學習很正向，雖然不能做到清淨心、無念，至少心念比較光明，他們會覺得加入團隊受到正念的鼓勵，彼此之間會知道要放下個性的堅持……（B2023）。

三、禪修正念對禪悅教授從事研究工作的影響

（一）組成研究團隊帶領共同合作，先後成就同仁圓滿升等

禪悅教授分享，初初作研究是自己一個人單打獨鬥，後來升等教授後先組成四人研究團隊，帶領大家分工合作共同研究，個人不藏私以利他為出發點，先後已有二位順利完成教授升等，禪悅教授以同仁成就為成就，感覺與有榮焉。

> ……在研究這一部分我就是利用……晚上啦，……，晚上在宿舍的時間，靜下心來，開始蒐集論文啊、看 paper 啊、構思問題啊、解問題，剛開始時是我自己單打獨鬥的(C1095)。後來我就找一個研究團隊，我來教他們研究，後來我就全部把我會的功夫通通教他們，……，然後……開發題目給他們做(C1096)。……我給你們題目，你們寫出來的，你們都是第一作者 (C1101)，我就當通訊作者，……，反正我就擺最後啦，當時他們都是副教授(C1102)。那時候我已經是教授了，我說「這個第一作者對我而言不是那麼重要了，我也不用當第一作者了」(C1103)。

> ……這也就是我們為什麼要幫助他，要不然他就是沒有頭緒，真的會慌啊，那個六年條款，我們學校有六年條款，有些人看到這

六年條款，他會慌啊，看到就想說哇！六年到了還沒辦法升一級，他們就會準備再多延個兩年，八年就要找……工作(C2013-1)。我帶那個 teamwork 裡面已經兩個升教授，……，另外一個大概最近可能也可以升等教授了，所以這樣子我三個都把他們帶成教授，哈哈哈！我覺得也是蠻……蠻有意思的(C1109)。

（二）帶領研究團隊從利他出發完成自利，研究過程對事以真挑戰自我

禪悅教授分享在帶領研究團隊時談到，雖然協助同仁作研究以利他為出發點，但要帶領研究自己還是要先投入，最後自己也從中受益，正是佛法中所說的菩薩在利他當中完成自利。禪悅教授也談到後期研究除了協助同仁升等以外，也開始自我提升和挑戰較高難度研究主題，希望研究成果能有質有量。

事實上，做研究，我是自己都先踏入，我不會等他們問的，我都是自己先鑽進去，看起來有點像是利他啦，希望幫助他們，但是其實那個都是自利，為什麼叫自利，因為從要幫他們找問題，規劃一個問題，在這個過程自己都要先鑽進去。……，然後開始把我的方法、想法跟他們講，……。最主要就是說，我們想要去幫助他們，把他們帶起來，那我們自己要先去投入，先去把這方面的問題，有甚麼樣的手法，人家解到甚麼地步，它的關鍵點甚麼，我都大概自己先把它給分析好了，然後再帶他們。(C2013-2)。

……所以我們說自利利他，其實這都是一體的啊，看你發的心念是甚麼，你發的心念就是要幫助他們，……，那我們其實升到教授我們不爭甚麼啦，……都以他們優先啦(C2015)。……我周遭

的一些⋯⋯，對我這方面研究有興趣的人，有想投入的，那我就發個心，就來帶你，因為你在研究上目前完全沒有頭緒了，那我就來帶你。你說為什麼發這個心，基本上也是從自利的角度來看啦！(C2016)。

⋯⋯在研究方面我一直想要挑戰自己，因為以前⋯⋯因為要急著趕快做一些簡單的，把自己的研究成果把它給豐富，⋯⋯，有時候想想我寫了這麼多篇是真的在幫助這些我帶的那個團隊，讓他們起來。現在慢慢起來之後，我在想⋯⋯其實比量還⋯⋯不是很究竟，我就想⋯⋯再做比較深入的一些題目，不見得要比量，因為以前那些較深的研究不敢碰，不敢去碰它們，現在真正的要面對問題，這是對事以真(C2020)。

四、禪修正念對喜捨教授從事研究工作的影響

喜捨教授覺得，禪修正念可以讓一個人心清淨，可以更容易看清楚問題的中心，當找到問題的癥結，其實大概就可以找到解決的方法，作研究常常可以事半功倍，花更少時間，得到更大的突破成果。

⋯⋯你的心清淨的時候，你再去探討我們在做研究，通常在探討某些的問題，因為以前就是說沒有經過這個訓練，我們通常會找很多的資料，⋯⋯，然後去研究資料，從裡面去統計、設計，然後慢慢慢才要去回歸到這個問題的核心，但是可能也要繞很多的路，然後可能還不一定可以很快可以掌握到那個問題的核心所在，但是你慢慢經過這個禪修，會感覺到很奇特，就是說好像你

比較快就可以知道那個問題的核心在哪裡……（D1030-3）。

……我自己本身的經驗就是說，當我知道這個問題的根本在哪裡的時候，其實那個答案隱約就出來了，就是說因為知道問題原因在哪裡，所以當然相對它的那個解決方法，就是它的對策就已經出來了；那這些東西對你的研究，就可以幾乎達到就是事半功倍，你花時間可能比別人短，因為你所需要蒐集資料的時間就比別人少很多，因為你很快就知道那個問題的核心，而且你提出來的方法，基本上是一個比較超越你的想法，……，是一種超越性的一種突破（D1030-4）。

禪修正念就是當你的心能夠保持像鏡子或像湖水一樣，它沒有波動，……，如果說把它用在做研究上面去的話，其實會發現到說我去看問題，你會看得比別人更加地深入，更加地全面，為什麼？因為你的心就始終像鏡子一樣，它照是全面，就像湖水一樣，它沒有波瀾的時候，它照到的是整個天空的倒影，它是非常全面的；……如果心能夠達到這種情況的話，去做研究所看到問題會更加深入和全面，那自然就可以得到一種解決問題的方法（D3005）。

五、禪修正念對法喜教授從事研究工作的影響

（一）佛法薰修體悟即做即了，時時放下妄念提起正念，零碎時間持續研究工作

法喜教授分享在兼任行政職務處理繁雜人事時，因體悟因緣法的道

理，所以能夠即做即了，隨時銷歸自性提起正念並回到當下，不但研究工作沒有中斷，而且持續研究和發表論文並通過升等教授。

> 馬上回到剛剛我在看（論文）的那個點的上面，……，接下去回到我要繼續的地方，所以我從來沒有間斷那個知識的……這個追求，也就是說我隨時都可以回到剛剛那個點（E1138）。過了就沒有了，所以我自己很高興說有這樣的因緣學習這個佛法，所以我在當○○（一級主管）的那個時間，這麼忙我不但沒有荒廢我的研究，而且更完成很多研究要求的那些論文，發表了非常多的論文，驚訝的就是我剛剛講的，都是在處理校務、這些雜務當中（E1139）。

> ……，表面上看起來是零碎的時間，但就那個研究來講是完整的，我沒有被切割（E1140）。沒有被切割，所以也就是自己很慶幸說有這樣一個……佛法的薰修；所以我升教授後跟幾個同仁講，他們說這全世界很少有人像你這樣子，當○○（一級主管）這麼忙，怎麼可能會升等？（E1141）其實那個……那種當時的感覺就是為什麼自己能夠這樣子，也是跟剛剛我講的那個做事情是一樣的，就是說你做事情的話，是全部的心念在做它（E2058）。

（二）禪七體悟銷歸自性的道理，安住真心隨緣不變不變隨緣

　　法喜教授提到，在禪七當中體悟時時提起正念，銷歸自性並回到當下的道理；當能夠安住在清淨心上時，不論處理公事或是研究論文，而且不管是處在那一種情境，都能隨緣不變，不變隨緣，繼續在研究工作上用功。

……我是完全一個清淨心做那個事情，……，它都不會有互相妨礙，所以這樣的情形就是你在處理公事，或是剛剛前面才跟一個來這邊可以大吵大鬧，但是你處理完之後，你回過頭來就完全就沒有那個因緣了（E2060）。沒錯，所以你回到那個論文上面的時候，你看它的時候，你就沒有前面那個事情（E2062）。……，就是說「銷歸自性」，那你就會知道說它以清淨心來面對任何事情的話，其實它是沒有切割的（E2064）。

……你的妄心，產生各種糾結的那種占據啊，你就心靜不下來，……（E2065-2）。那你怎麼會安得住來看書呢？那個心是安不住，因為甚麼呢？它已經倒過來了（E2067）。……所以做學問其實意識心也是要小心，就是說不要讓意識心去看這件事情，因為這樣子還是只是在累積甚麼？一個錯誤的因緣法而已（E2068）。

六、禪修正念對慈悲教授從事研究工作的影響

慈悲教授在檢討反省自己的不足，認為作研究不只是為了升等，而且是要補自己知識和教學知能的不足，因為要指導學生或利益他人就先要自利和自我成長。

我覺得對於研究的影響就是說會……讓我們去學會看待自己的習氣。我們有的時候在做研究工作……，這要怎麼說？……就是說其實做研究工作需要非常地執著跟堅持……。那另外，習氣的部分，當然就是說做研究其實是非常需要有紀律，而且要持續堅

持，那這個對我來說……或許沒有這樣的一些習慣，所以在做研究，尤其是一開始教書的時候，其實會面臨到比較大的挑戰，因為很多……就是我們講英文是講 well astablished，就是沒有掌握足夠多的能力可以去做學術研究，沒有這麼好的條件。那時候從學校畢業，其實很多老師的本領也都沒有學到，這個後來我在○○（第二個道場）那邊學的時候就有在反省這個事情……所以我覺得後來在做研究或工作的時候發現自己不足，那不足就會願意去思考一下怎麼補足這些東西……（F1064）。

參、禪修正念對從事輔導及服務工作的影響

一、禪修正念對菩提教授從事輔導及服務工作的影響

（一）以佛法因果道理引導學生轉念，進而接引學生學習禪修正念

菩提教授提到，學生難免會碰到生活上、課業上或人際上的問題，例如他的一位博士生被人家用 E-mail 大量散播毀謗信件，導致該學生心情十分沮喪，菩提教授適時以佛法因緣果報的道理開導，並讓他自己學習去轉念，進一步接引學生到精舍學習禪修正念，用佛法的道理化解心中煩惱。

他們（學生）碰到一些生活上的問題、課業上的問題或是人際上的一些問題，那他總是希望有人可以給他一些指導。我們可以給他的指導大概就是粗淺的佛法上因果的關係，這個稍微跟他提一

下，然後教他怎麼去轉自己的念頭，從這個地方去開始
(A1039)。……一個博士生，他那個時候也不知道為什麼，就是
有人……在用 E-mail 來散佈他的……一些事情，但那個事情是不
真實的，……，反正就很多毀謗內容給他，那一陣子，他的行為
就蠻沮喪的，……，而且那個 mail 幾乎是送給全國○○界的所有
的人，……(A1041)。

……，後來我就跟那個博士班的學生強調講一些觀念(佛法因
果)，……盡量讓他把這個心情沉澱下來，那個時候剛好也是他
博士班快畢業的時候，然後他都有到精舍裡面去禪修，……，所
以那個時候這件事情出來之後，就是用一些方法，稍微去安撫他
的……這些情緒，……，所以很快這樣跟他講之後，他大概就能
夠釋懷，那個事情後來其實也就不了了之，……，但至少……就
是說這個事情，因為學生有在精舍裡面禪修，有聽到一些佛法的
道理，所以他就可以比較坦然的去接受這件事情 (A1042)。

（二）分享佛法上待人處事的道理，給予學生未來就業選擇的建議

菩提教授提到其帶領學生時，常常會將學習佛法上待人處事的道
理，分享給其輔導的學生或實驗室學生，可以較寬廣角度來看問題和解
決問題，同時在學生選擇未來就業的方向適時給予建議。

在跟學生互動，比如說跟他們導聚的時候，跟他們談一些事情，
都還是會用一些佛法的這個概念加進去，但講的其實不是很深入
啦，就是說大部分就是希望這個學生有問題的時候，用一些善巧
方便去跟他們講。……但是跟自己的研究室的研究生的互動是比

較多，……，有時候會把一些自己的一些體會把它帶到這個談話當中，……我們就要去就是用一些善巧方便提醒他，或是說……你現在碰到這個問題，你可以從另外一個角度來看這個問題，怎麼去解決……(A1040)。

……有些學生他很困擾說要從事甚麼樣一個行業，或是說他人生上、人際關係……有一些疑問，他希望有些人可以去問，……，那問你的時候，你當然就是要提供人家比較正確的一個選擇，你不能隨便給人家提供意見，我想這個也是很重要的；……，所以一般來講你就會發現到……比較容易願意去跟這個教授，談他們自己個別的問題的這些教授，大概都是比較關心他們的，然後學生會發現到他可以從教授的身上得到一些建議 (A1063)。

（三）擔任學校一級行政主管，廣結善緣分享學習佛法的利益

菩提教授分享他在升等教授後，本著廣結善緣和分享學佛利益的因地心，發心擔任學校一級行政主管，除從中瞭解學習學校行政系統，也希望利用此服務機會接觸更多人，跟大家結結緣。

……，已經達到目標了(指完成升等教授)，所以一方面壓力也不會那麼大了，……，那另外一方面的一個想法，也是因為說那好啊！就是利用這個機會多跟一些人去接觸，那目的其實是要弘揚佛法……(A1056)。

……，那好沒關係就去吧，另一方面也想稍微去了解一下，學校裡面的這些作業、那些行政上面的系統；另外一個想法就是去跟人家結緣，那後來他們都知道這個人……是學佛的，這個教授是

學佛的，這個主管是學佛的，我覺得這個也還蠻有趣的(A1057)。
……那個時候很簡單的一個想法，就是……多去跟人家結緣
(A1058)。

（四）帶領行政團隊分享因果的道理，負責規劃統整並承擔責任

菩提教授提到其擔任系所主管時，帶領同仁會分享其學習禪修正念
所體會的心得，例如因緣果報的道理。如有重大的工作計畫時，通常都
會提前先構思和規劃相關工作項目，分工後協助屬下解決困難部分，最
後再負責統整並承擔責任。

……其實我們做這個東西(擔任系所主管)……，也許……應該是
說在傳達一個這種因果的關係啦，因為我們系上的助教他們也很
多都有小孩子，大概都是小學嘛，我就想說他們一定也希望他們
小孩子會碰到好老師，碰到好的指導教授；我就跟他們講說，我
們現在如果好好對這些學生，因為他們要帶實驗啊，幫系上做一
些系務的工作，這樣子的一個因果關係會回饋到你以後小孩子碰
到老師的那個地方，這是因果的關係(A2027)。

……，事先把工作先規劃出來(指系所評鑑工作)，把那個時間拉
長之後……大家壓力不會那麼大，……，就是在中間幫他們去找
一些資料，找這個……他們比較困難的一些事情，我會幫他解決
就幫他解決，……，那我們要在中間先加量給他們，加點……資
料給他們，幫他找一些資料或是說外面開會的資訊提供他們，但
是我們一定要做統整，統整上來之後，我們一定要去修飾，這部
分其實只有主管他們做，其他老師大概都不會幫你做，這個就是

承擔，你碰到事情就是承擔，然後在這個過程裡面，讓系上的助教……大家工作分配的比較……就是說時間拉長，工作分配比較明確一點(A2031)。

二、禪修正念對明心教授從事輔導服務工作的影響歷程

（一）學佛初期仍執著理想和目標，缺乏對於情境的觀照，仍會面臨境界和挑戰

明心教授檢討反省後認為，個人在學佛初期仍會執著理想和目標，缺乏對於情境的觀照仍不善觀因緣，雖然當時很認真也很努力，也投入相當多的時間和心力，但仍會面臨許多的境界和挑戰；近年從聽經聞法中有所體悟，並從帶領學生身上看到自己當年的不圓滿的角色。

> ……我以前因為比較執著理想，總是以目標、理想導引自己，雖然產生很大的光明動力，但就是缺乏情境的觀照……（B1035-3）。

> 我因為今年這樣子誦《楞嚴經》，然後我這幾年又在帶團隊，我最大的體悟是從我學生身上看到我幾年前修行的境界，他們都在提醒我，當年好像就在扮演他們某種做事情不太圓滿的角色，不是說都完全一樣，只是我很容易就可以對應觀照到，就會回想說我當年怎麼沒想說看得更全面，這是最大……的體悟……（B1029-2）。

（二）道場擔任義工領職事後，學習放下我執配合他人，較能夠善觀因緣

　　明心教授覺得除了到道場聽聞佛法禪修靜坐有所受益外，另外近年開始在道場擔任義工領職事後，除了放下教授身分（我相），也學習如何跟其他義工配合，看事情的角度和深度也有所不同，相對於學佛初期，執著個人理想和目標，缺乏對於人事和情境觀照，學佛後期時較能掌握因緣法，算是有所提升。

> 今年我才真正在○○（道場）投入義工的工作，我喜歡這樣子跟大家配合，我就看資深義工怎麼領眾，怎麼帶領大家，我看到很多居士都在不同的因緣學習和成長，也看到師父的引導很 delicate（細緻精緻），……，看到居士做事情的細緻，非常非常的細，檢討再檢討，剛開始會覺得有必要做得這麼細嗎，每一個月法會都要這樣檢討，我就漸漸地學習觀察，從觀察當中學習，後來才知道這也是一種……精進提升。（B1039）

（三）體會佛法無我相的義理，時時回歸清淨本心，慈悲協助擔任處組長職務

　　明心教授表示，學習禪修正念後期，較能體會金剛經中云：「無我相人相眾生相壽者相[23]」的意涵，因此常常都會提醒自己 I am nobody，而常常覺得自己 I am nobody 的時候，覺得自己的那個「我相」不可能完全沒有，可是會比較淡。例如訪談明心教授過程中發現他已經是正教

---

[23] 指眾生對個體心身所錯執之四種相。又作四見、我人四相、識境四相。即：（一）我相，謂眾生於五蘊法中，妄計我、我所為實有。（二）人相，謂眾生於五蘊法中，妄計我生於人道為人，而異於其餘諸道。（三）眾生相，謂眾生於五蘊法中，妄計我依色、受、想、行、識五蘊和合而生。（四）壽者相，謂眾生於五蘊法中，妄計我受一期（從生至死）之壽命，長短不一，因人而異。錄自《佛光大辭典》，p1732。

授，而且擔任過系所主管，一般人不太容易放下身段回頭再去擔任處室
的組長工作。該職務對明心教授而言既無名亦無利，純粹是從利他的出
發點所做決定。金剛經中所云：「無我相人相眾生相壽者相」，一般人
尚未接觸禪修正念或透過參加過禪七的體悟不太容易體會，即使體會了
也不容易做到，因為只有回到清淨心當下才能做出利他的善念和善法，
因為一般人都會落入思惟，一旦落入思惟後就會有種種名利得失的考
量，也就是所謂「我相人相眾生相壽者相」。

> ……主管（學校一級主管）跟我講說之前的組長接了行政職務兩
> 個禮拜後，就到國外開會，沒有想到幾天後在國外生病往生，當
> 我聽到這樣的情形，主管急需找人協助我就義不容辭答應
> 她，……（B1047）。……只是一個單純的念頭就去了，後來身
> 邊有人問我說，你怎麼都當了主任升了教授你還去接這樣的職
> 務，我說我不把它當大職務或小職務，純粹是去幫忙，所以去的
> 第一個禮拜，我就跟組員說這一年是來陪伴你們，也做一些突
> 破，……（B1048）。

> 緣起性空這部分○○師父在《楞嚴經》的開示對我非常受用，也
> 因為這樣子我在○○○（擔任組長），更知道面對不同的人事物
> 需要不同的應對和引導，就是須要用不同的方法，不同時機不同
> 對象都要有不同的引導，就是要觀照，要應變……（B1035-4）。

> ……這幾年下來，我覺得最核心的是回到最清淨本然的覺性，覺
> 性是非常根本的，……（B2019）。……，我覺得這幾年，然後
> 再加上這一次禪修，常會告訴自己 I am nobody，提醒自己 I am
> nobody，當自己提念 I am nobody 的時候，就更能淡然處理好很
> 多事（B1088-2）。

三、禪修正念對禪悅教授從事輔導及服務工作的影響

（一）隨順因緣不忮不求[24]，盡份隨緣不將不迎[25]

　　禪悅教授提到，從事教職 18 年當中，幾乎都兼任行政職務，其中不論何種職位都隨順因緣不忮不求；九二一地震因緣毅然決然放下原有成就，轉換到公立大學服務，同樣為其後首長賞識並先後擔任多項重要一級主管職務，也都本著佛法薰修的道理，不論何種職位都隨緣盡份不將不迎；特別是系上特殊因緣和需要，最後也答應協助回頭擔任二級行政主管，放下我執我相圓滿三年任期。

> ……隨緣盡份，該……要你去做的，你就認真去做，假設得不到的，也不要去強求它，就是放下就好了，……，(C1057-2)。……我那時候就……放下，到另外一個地方教書(從私立到公立大學)，沒想到又……另外一條路。一去那個學校，校長也看重我，又叫我當館長，隔了兩年又叫我去當主任秘書，接一年半之後又換了一個新校長，本來想說可以休息了，沒想到新校長他又叫我接教務長，……，你看我 18 年裡面啊，有 15 年半啊，都在做行政。我這一輩子，誠如○○○(皈依師父)說「這是大功德啊，有機會服務人家……要把握、要服務」，我的確是聽了，……(C1058)。

> ……所以我總覺得你放下這個，自然有另外地方要你去，再去學

---

[24] 不忮不求指不嫉妒，不貪得。語出《詩經‧邶風‧雄雉》：「不忮不求，何用不臧？」，後來多用來形容淡泊無求，不做非分之事的處世態度。錄自教育部重編國語辭典修訂本。http://dict.revised.moe.edu.tw/

[25] 引自《莊子‧內篇‧應帝王第七》：「至人之用心若鏡，不將不迎，應而不藏，故能勝物而不傷。」

習，再去……成就！……，那時候在卸下教務長行政職務後，申請了一年的教授休假，回去之後，系裡面又叫我出來當主任，那時候我心裡面是有些不平衡，總覺得「我教務長都做過了，再回去做主任……」(C1067)。對，幾乎沒有這個例子，對！怎麼會有這樣子，……反正那個也是陰錯陽差，他們在運作到後來就是讓你……沒得推，好啊！那就繼續做吧，做完這三年(C1070)。

（二）行政領導對下以慈傾聽意見，對人以和共同思考解決問題方法

　　禪悅教授分享其領導統御的方法提到，其實還是回歸到佛法的薰修，擔任行政工作積極投入，會嚴格要求部屬工作進度，但也願意傾聽屬下意見，同時協助思考解決問題方法，其處事以真待人以和態度為同仁和長官所稱許。

　　我總是認為我們是同仁，我會把我的想法跟你講，我……會先聽你的想法，如果我認為說 OK 的話，跟我的想法沒有差太多，我就放手讓你去做，然後我也會提供我的想法，然後兩個去綜合起來，把事情做好，我都是……我事先會先去學，去了解，聽你講，從你講的裡面，合不合理，有沒有更好的 solution，我都會想，等我想到我就會幫他解決，所以當我的下屬，他們都覺得蠻愉快的，我是這樣覺得啦！他們對我的評價還算 OK 啦！我以前的校長，他有一次對我說「○○(禪悅教授)啊，你是怎麼做事情的？全校的主管啊，很多人都來跟我抱怨那個主管怎樣、那個主管怎樣，我就是沒有聽到有人講你」，他就覺得很訝異，他真的很訝異，他說「為什麼沒有半個人……在我的耳邊咬耳朵，咬你……咬你的事情」(C1077)。

……，基本上我是會幫他們解決事情的，他們有什麼不知道的問題，有什麼想不通的問題，他們來跟我談，我可以……靜下心來，甚至我一時解決不了，我會把它帶回家，帶到腦袋裡面去，開始去思考這個問題，應該怎麼做；所以我總覺得做行政我是很投入啊，我不做都不做，但讓我做下去我絕對是很投入的，而且我會跟催我的部屬，不是說盯底下的人。我會按照我的想法，明確跟部屬講怎麼做，我會……跟蹤這個進度的，所以他做得快樂，至少不會讓他……像有些主管就是不跟底下講他的想法，讓他們忙得團團轉，做到後來……就說「這是他做錯了，他該負責，這樣是不對的」，我只要說是我做的，有責任就我扛下來了，跟你沒關係，錯了就錯在我，所以……所以我讓他們覺得做事情……覺得你有主管幫你扛 (C1078)。

（三）體會定靜安慮得運用到行政工作，對事以真並以鼓勵代替責難

　　禪悅教授談到會運用禪修心得從事行政服務，例如靜坐數息的「定靜安慮得」就是很好的方法，經常幫屬下想問題和找解決的方法。對事以真要求屬下完成交代工作，雖然同仁犯錯，但也會用寬恕和鼓勵代替責難，同時重大業務工作會以身作則，帶領同仁一起和合圓滿。

我平常就是多思考，一有事情我就靜坐一下，……。先靜下心來，開始去思考這個問題，去思考他(指屬下)的思路啊，思考後，突然間靈感「噹！」一聲，solution 就出來了，哈哈哈！就立刻把部屬找來，分享我的想法(C1080)。幫他想問題，幫他找 solution，他就算做的不好，不會做，就是要教他，讓他也心服口服，然後讓他認為說這個方法是不是最好的方法？……有些時

候……真的做錯，我會找來罵一罵，但罵完之後，我都會把他搜一搜(臺語)，……事後我會再把他給安撫下來(C1083)。

……以身作則，像我做甚麼事情，我心裡面大綱大概都已經有了，那個 view 甚麼的，我大概都已經有一些想法了。……，那接著請人家幫忙就是說這一塊你還有甚麼 idea 可以貢獻的，再加進來加一加，豐富整個……。那個評鑑報告，……，記得以前在當教務長的時候，那個地方是整個報告要去看，那時候部屬寫好之後，我拿回去整個重新讀一遍，讀完之後我再看整個大綱，看看哪裡缺……，開始往下面整理，請他們再繼續補充，把它補齊。我是很認真在做這份報告，……我看完之後我會講說那裡缺，大概還可以怎麼做，希望他們再去補足，我都是用鼓勵的方式(C2023)。

四、禪修正念對喜捨教授從事輔導及服務工作的影響

（一）以慈悲心主動關懷學生，成為學生的心靈導師

喜捨教授認為，如果是真正發自內心主動去關懷和關心學生時，那學生在需要協助時也會主動尋求協助，例如學生的學業、出國或感情問題，都會來跟老師討論，成為學生們的心靈導師。

……其實他（指學生）有這個覺性存在，所以你在帶他們的時候，其實你也慢慢的把他們這個比較善良的這一面去把他們引化出來。……因為你會對他們的那種關懷，一種期望在裡邊，每個人也都是希望自己的學生越來越好，所以對他們的關懷關心，所

以這些學生他在需要你的時候會來找你，他們就覺得說老師實際上是可以來問問題的，所以他會來這邊跟你問問題，甚至他去出國留學的時候，他來問你「老師，我要出國要注意哪些事情？」（D1031）。

……對！甚至他畢業出來然後工作有時間有空，回來看看老師，這些是因為你發自你內心裡面對我們下一代的關懷，這些學生跟你有緣的這些人，他可以感受到你這些關懷的時候，基本上他就覺得這個老師是一個願意付出，可以跟他去深談的人，我自己本身過去有幾個例子，像學生碰到那個失戀的問題（D1031）。……對啊！她就是願意來問，我也不是她的導師，只是平常上課的老師，後來跟她勸勸，她的心就放下了，然後這個問題就解決了（D1034）。

（二）教導學生互助合作和團隊的理念，分享儒家定靜安慮得的道理

　　喜捨教授不但認真備課傳授專業知識，也教導學生要互助合作和團隊的理念，同時也會分享其在禪修正念所體會佛法與儒家思想相通的一些道理，例如儒家裡面提到「定、靜、安、慮、得」等，可以用到學習和待人處事上面。

……其實專業這些東西蠻枯燥的，所以通常我在上課的前大概一二十分鐘，……，鼓勵他們說你第一讓你的知識水準要好，再過來你怎麼在這一個短時間裡面能夠去吸收到最大的效率，對啊！……，第二個的話你心要夠定，你心夠定的時候你才能夠去吸收得比別人快；在儒家裡面提到這種「定、靜、安、慮、得」

的這些道理，然後慢慢跟他們去講；再過來也會引發他們尊師重
道啦，孝敬父母，……，慢慢引導他們除了知識之外，還有我們
做人處事的道理，甚至鼓勵他們能夠去幫助別人，然後再過來能
夠群體的合作，……，再過來就是培養好的人際關係，……，就
在這個課堂上面潛移默化，……。（D1035）

（三）以學生的成就為自己的成就，隨時提醒自己不要誤人子弟

　　喜捨教授認為當老師應該是要燃燒自己照亮學生，並隨時提醒自己
不要誤人子弟，如果老師能夠真正關心我們的學生，當老師全心全意付
出時，就會以學生的成就為自己最大的成就。

> ……其實有句話都一直在提醒著我，就是說不要為了自己，而去
> 誤人子弟，……，不要說因為我當老師我要升等，我要去逼迫我
> 的研究生幫我做研究，而是老師應該以學生的成就為他最高的成
> 就，就是說老師是一個犧牲自己照亮別人的人，所以老師經常是
> 在幫學生在服務，所以學生的成就是老師最大的成就，……；所
> 以你會覺得說當老師這條路其實是蠻愉快的，因為當這些學有成
> 就的這些學生回來看老師的時候，你就會覺得有一種莫大的感
> 覺，好像是一種回報吧，就是說學生可能帶個小禮物給你吧，那
> 個小禮物其實也不是甚麼，但是代表一個心意（D1037）。

> 真的是這樣子，因為當你的心念都是在關懷別人的時候，自己知
> 道對不對；你對別人好，相對別人也會對你好，這個東西就是一
> 種互相的關係，當老師因為自己的角色就是老師，那老師的角度
> 就是要照顧這些學生，所以當你去照顧學生的時候，根本就不會

想到自己的問題，是啊！所以就不會想到自己的問題（D1039）。

五、禪修正念對法喜教授從事輔導及服務工作的影響

（一）佛法重實踐，若未實踐佛法只是裝飾，引導學子將佛法運用到功課學習

　　法喜教授分享在帶領學生佛學社團過程，輔導學子將佛法運用到課業學習，體會學佛如果沒有實踐的功夫，學佛會是個障礙，因為瞭解佛法後並且真正去用功，不但待人處事甚至功課應該都會很圓滿，否則佛法只學不作，那只是個裝飾品毫無利益。

> 在帶領他們（佛學社）過程當中，當然有歷屆的社長，也有發生很不如意的事情，譬如說成績不好，被退學等等，我都會跟他們說其實你學佛理論上不應該出現這樣一個結果，那為什麼出現這個，應該是你不夠用功，你沒有用上功，否則學佛這麼好的事情、心又專注，怎麼書會讀不好呢？（E1106）。

> ……，那這些過程讓我當然更加知道說學佛沒有實踐的功夫，學佛會是個障礙……，你把佛法當做一個高高在上，把佛法當做一個裝飾，那就是個障礙……（E1108）。這個社團慢慢就一直強調說你就是要同一件事情，它沒有另外一件事情（E1110）。同一件事情，它是一切法就是佛法，沒有分別的，我一再表達這個觀念，之後慢慢他們也有這個體會，……（E1111）。

（二）隨順因緣法承擔兼任行政工作，運用佛法妥善處理緊急事件

　　法喜教授提到其隨順因緣法，承擔最繁複的行政職務，兼任學校一級主管過程中，任內經歷 SARS 事件（該校為疫區）和肺結核事件，同時也運用所體悟佛法的義理，明確果斷處理校內緊急事件。

> ……，我在擔任這個職務（一級主管）的這個過程當中，經歷過了 SARS（E1150）。對！所以我下了很多重要的決定，都是超越呢……超越這個我有的權力，因為我認為我不這樣做，這個後果很難設想，當下就停課啦，當下就怎麼樣怎麼樣，做了很多決定。還有第二次是肺結核，這兩次的事情都是在擔任○○（一級主管）的時候，面臨一個……很重大的這樣一個事件，那麼當然校長就因為信賴，……（E1151）。當然這裡面為什麼敢做這個決定呢？一就是因為那個當下眾生的心是很散亂的，但是我很清楚（E1153）。

> ……我很清楚現在眾生等待的是甚麼？一個安心的一個狀態……（E1154）。對！但是我認為這個後果一定是對的，就是好的，因為我如果不這樣做，後果會很嚴重，你自己很清楚，也就是剛剛講的眾生在面臨很大的一個事情的時候，他很散亂，心思很散亂，但我心是很清楚，我就做了一些決定，譬如說馬上有人打電話跟我說我們班上有怎麼樣，我就說你馬上就哪幾個人弄清楚，趕快送到醫院，然後這班馬上停課，哪一天內不可以回到學校來，……（E1154）。

（三）引導當事人瞭解果報形成的原因，運用因緣法處理衝突和困難行政
　　事務

　　法喜教授回憶其運用佛法中因緣果報的道理，處理許多困難的行政
事務提到，人與人之間的衝突、矛盾或對立，無非就是貪瞋癡三毒所造
成的，因為結果已經呈現了無法改變，唯有引導雙方當事人反省找出這
個現象出現的原因，讓雙方從原因上檢討和修正才有辦法真正解決問
題。

> 從事行政這麼多年……，佛法真的有更大的影響跟它的助
> 益，……有很多很複雜的事情，非常困難的事情，我往往去處理
> 的時候，很注意到這個……這個因緣法的道理……（E1127-
> 3）。因為我們已經受過佛法的薰修了，知道說這個人之間的衝
> 突、矛盾、對立，無非就是三毒造成的，你在看到它這個現象的
> 時候，都已經是果報的一個……一個示現，所以我們在處理這個
> 衝突、矛盾的時候，我是不會在那個上面去處理（E1129）。

> 對，我是從這個誘導當事人去修正，這邊去做一個切入點，所以
> 的確這個○○（一級主管），每天大概都是處理各系各院的衝突
> 啦！（E1130）甲系跟乙系還有系裡面的衝突，都是這些事情，
> 還好因為有這個佛法這樣……一個薰修啦，所以我們更知道說去
> 看到事物的本質是甚麼，那麼去誘導這個因緣法的這個改變，這
> 個就是它的一個……最明顯的一個助益（E1131）。

> 就像我剛講的我只會誘導當事人，去反省……這個現象出現的原
> 因，所以會讓他往回去看，往回看看這個現象出現，它都不是無
> 中生有的；那甲方來投訴的時候，我會讓甲方來看自己的這個過

失，那乙方來投訴的時候，我會讓乙方看到自己的，然後各自就
慢慢退到甚麼呢？發生衝突比較遠的那個點上面，讓他知道說你
看這個事出必有因，慢慢讓他去起一個自己去修正的觀念之後，
才有辦法獲得一個化解（E1133）。

（四）體悟當下承擔的真實義理，以清淨心處理因緣所生法

　　法喜教授談到處理行政事務工作時，要能夠時時當下承擔，並分享
所謂「承擔」並非只是做一件事情，而是以清淨心面對它並完成它，所
謂「靜則一念不生，動則萬善圓彰」。

> ……「承擔」一般人不太知道它的意義，承擔不是做一個工作叫
> 承擔，它真正的意義是說那個當下的因緣，你面對它的時候，
> 你……沒有第二個的念頭，那叫承擔，也就是○○（法師）所講
> 的對事以真，那才叫承擔，……（E2001）。所以你為什麼有辦
> 法把事情做得很好，就是因為你用最清淨的那個念頭跟那個心，
> 去看那個因緣，你絕對不會錯認它是甚麼，它很清楚，你也不會
> 因為自己的私心，自己的好惡，去面對那個事情，那個才叫承擔
> （E2003）。

> ……所以為什麼有辦法說當下的因緣，你會看得很清楚，而且你
> 能夠處理得很好，因為那個因緣法是很多原因發生的，可是你看
> 它的時候，你不會陷入那個相對的相上面，而是用清淨心去看
> 它，去覺照它，所以你看得很清楚我該怎麼做（E2006）。……
> 如果你沒有真正用到這個清淨的那個承擔，那麼世間法的事情就
> 會做的不好，很有趣就是說如果離開了我剛剛講承擔這個真諦的

時候，那麼俗諦的事情你怎麼樣做都做不好，因為那是變動的，你怎麼把執假作真，所以它永遠都做不好……（E2016）。

六、禪修正念對慈悲教授從事輔導及服務工作的影響

（一）放下我執耐心傾聽同仁意見，體會未成佛道要先結人緣

慈悲教授提到在行政服務和領導中，體會要暫時放下主觀、我執，用客觀與耐心傾聽同仁意見。此外，所謂未成佛道要先結人緣，平時如能廣結善緣，處處為同仁著想，自然在領導統馭時較為容易。

> ……《地藏菩薩本願經》前面有講到有一個偈子叫做「譬如工畫師」，這些東西雖然是虛妄的，但是其實它就是一個心的作用，在這個當下我們怎麼讓這個緣起能夠發揮它最好的狀況，那這個東西就是一種修行吧！……我還蠻願意去聽同仁講話，傾聽他們的事情，這個對於排解一些事情來說是蠻有利的。我覺得跟人的互動本身就是一件還蠻有意義的事情，所謂未成佛道要先結人緣，我們要成就任何一件事情，常常都需要靠眾人的幫忙，所以領眾的這個能力我覺得是相當重要的，這個也是我在精舍學到很重要的一件事情（F2018）。

> 其實跟同事相處……我帶○○（同仁）的方式我會一直想到就是……四箴行，就是「對上以敬，對下以慈，對人以和，對事以真」，這四點我其實自己覺得還蠻受用的，那對上……我們要有恭敬心，歷任○○（主管）或多或少大家都會有自己的習氣，或多或少意見會跟我們不一樣，可是我們的恭敬心要有；對下的話

就就是對於部屬要多為他們著想，如果我們是站在多替同仁們著想的立場，他其實感受得到我們是為他想的，那自然我們講的話他就比較容易接受；那對人的話當然就是主管跟主管之間平行的時候，就是要和氣，那對事以真的話，當然就是說我們做任何事情都是要很認真的把它做好（F2019）。

（二）體會「觀功念恩」和恭敬心的義理，瑕滿人生啟發更積極人生觀

慈悲教授經常思惟「恭敬心」與「觀功念恩」的道理，運用到待人處事和行政服務當中。另外聽聞「瑕滿人生」的觀念後，讓自己的人生觀轉為更積極；此外，明白因緣果報和觀時節因緣的道理，認為只要在因地上努力，果報自然現成。

它們（指觀功念恩和恭敬心）有共通性其實就要修我們自己的這個心，那個東西不是要求別人的，而是要修我們自己，……這部分不管是對師長也好，如果我們能夠產生恭敬心，能夠看到師長的優點，那受益的還是我們自己，因為我們就可以變成像師長這樣子，可以去想說他的優點我們要怎麼樣可以得到，而不是不斷看人家的過錯，一直批評，我們不斷的跟這些過失相應，到最後反而是對自己不好（F2021-2）。

……讀到佛經典就有講到「瑕滿人生」這個觀念，就是說人生是很難得的，有些事情我們要把握這個當下的機會然後去做，……那另外佛教講到因果，以前不了解因果的道理，也不知道說我們都是在果地上打轉，不了解這個東西要成就是要在因上去努力的，了解因跟果之間的關聯之後，就發現到說很多事情其實就是

要在因地上去努力，然後才會有相對應的果；這個道理了解之後，就比較會去觀待一些因緣的發展，然後那個無奈感會少很多（F2028）。……認真做的當下，還要去仔細的去觀看當下的因緣到底缺哪些條件，這個東西沒辦法成就的條件是哪些，我們會讓那些緣具足，那它的果自然就會成就（F2029）。

肆、綜合討論

一、禪修正念對教學工作影響部分

（一）本研究中，菩提教授提到在教學當中，帶領學生隨時需要提起覺性，時時檢討反省，如同菩薩瞭解眾生的根器和習性，不但要有耐心還要善巧方便因勢利導，以學生的利益為利益，把個人我執我相放下，如此才能夠真正幫助學生，而自己也有所成長，亦即在利他當中完成自利；喜捨教授也提到在教學上除了認真備課以外，上課時覺性還要能時時現前，因為如果是覺性存在，縱使是責備學生也是一種基於慈悲心的關懷，而不是老師情緒的發洩。上述結果與 Bernay, R.（2012）在教師學習禪修正念的研究結果中顯示，教師在課堂中會更專注，更容易覺察學生的需求，同時強化反思能力，也增加同理心和慈悲心，可以得到的相互佐證。

（二）另有關禪修對教學工作的影響，明心教授談到，每次自己上完禪修課程後再去學校教課時，心念會更澄明，思緒也很清楚，教學上更能夠提綱契領，此與賴信宏（2008）、Moore 與 Malinowski

（2009）、Semple（2010）等研究報告指出，禪修可以增加自我覺察能力，變得更清晰和清明；個人的專注度與穩定度也有所提升，可以相互應證。

（三）慈悲教授則體會到，時時檢討思惟佛法中「觀功念恩」的觀念用在教學上，以慈悲利他之心帶領學生，設身處地為學生著想，發現學生的優點和耐心鼓勵，善巧方便引導，以學生成就為成就，就能在利他當中完成自利。上述結論與賴信宏（2008）研究指出禪修可以覺察到個人內心的變化，更具有反省的能力，讓行為上更為善巧、柔軟和有彈性，可以互相驗證。

二、禪修正念對研究工作影響部分

（一）菩提教授分享其研究升等的過程和心得時提到，因為有學習禪修正念的影響，因此比較能夠隨緣盡份去做研究發表，並以平常心看待升等這件事，最後順利完成升等；另法喜教授分享其即使兼任行政職務處理繁雜人事時，因體悟因緣法的道理，能夠即做即了，隨時銷歸自性提起正念並回到當下，不但研究工作沒有中斷，而且持續研究和發表論文並通過升等教授。上述結果與釋宗白（2010）和 Joshua（2010）研究結果表示，禪修可以從中培養平等觀，隨順安在於各種境緣，能靜定不受干擾，可以相互呼應。

（二）明心教授分享在帶領研究團隊或共同研究計畫時，因為研究團隊成員不一定有禪修正念的基礎，在初期時會先用真善美聖的善法來作溝通，進而再用正念來引導，凝聚大家的價值觀和理念後，發現會有事半功倍的效果；禪悅教授則分享初初作研究是自己一個人單打獨鬥，後來組成四人研究團隊，帶領大家分工合作共同研究，個人不藏私以利

他為出發點，先後已有二位順利完成教授升等，禪悅教授以同仁成就為成就的觀點，此與張喬復（2009）研究指出，禪修可以提升組織成員「心理資本」，間接亦對行政工作的推動有所助益；以及郭又銘（2012）研究顯示，當增加個人覺觀正念能力時，有助於融合個人與組織常規的歧異，進而促成組織發展與目標達成，亦可以相互驗證。

（三）喜捨教授談到禪修正念對研究工作的影響時，體會到禪修正念可以讓一個人心清淨，可以更容易看清楚問題的中心，當找到問題的癥結，其實大概就可以找到解決的方法，作研究常常可以事半功倍，花更少時間，得到更大的突破成果；此與張愷晏（2010）；Moor 與 Malinowski（2009）以及 Semple（2010）研究顯示禪修正念可以增加自我覺察能力，變得更清晰和清明，可以相互應證。

（四）慈悲教授禪修初期對於升等和研究較不積極，其後透過檢討反省，認為作研究不只是為了升等，而且是要補自己知識和教學知能的不足，體會到要利他必須先自立，自己有能力才能幫助學生；此與賴信宏（2008）研究指出，禪修正念可以覺察到內心的變化，更具有反省的能力，亦可以互相呼應。

三、禪修正念對輔導及服務工作影響部分

（一）本研究中菩提教授分享他輔導的經驗，有關一位博士生被人家用 E-mail 散播大量毀謗信件，導致心情十分沮喪，菩提教授適時以佛法因緣果報的道理引導，並讓他自己學習去轉念，用較寬廣角度來看問題和解決問題，進一步接引其學習禪修正念，最後用佛法的道理化解了心中煩惱；此與國內外報告指出，學習禪修可以有效減輕壓力或焦慮情緒（如盧映仔，2013；Beauchemin et al., 2008; Oman et al., 2008）；兩

者的實證效果相同。

（二）菩提教授分享其擔任行政主管時，帶領同仁會分享其學習禪修正念所體會的心得，提升同仁們的正念，如因緣果報等的道理；此與郭又銘（2012）研究指出，當個人覺觀正念能力增加時，有助於融合個人與組織常規的歧異，進而促成組織發展與目標達成，可以相互驗證。

（三）禪修正念對於從事行政領導和服務工作的影響，明心教授提到禪修讓自己比較能夠調和自己，比較能夠提起正念，學會時時觀照和應變，而且覺性要時時存在，包括帶領同事或跟同事互動，比較會想到給彼此空間；而禪悅教授則談到會運用禪修心得從事行政服務，經常幫屬下找解決問題的方法，對事以真要求屬下完成交代工作，雖然同仁犯錯，但也會用寬恕和鼓勵代替責難。上述結果與Oman 等（2008）研究結論指出，禪修正念練習（MBSR）能在人際關係上能增進寬恕能力，可以相互對照應證。

（四）法喜教授提到其學習禪修後，體悟因緣法和心性的道理，即使在承擔最繁複的行政職務，兼任學校一級主管過程，任內經歷校內SARS 事件和肺結核等重大事件，也是運用所體悟佛法的義理，明確果斷處理，此與朱嫻玢（2008）指出，禪修可以提升決策品質與能力之研究結論相一致。

（五）慈悲教授認為學習禪修正念和體悟「瑕滿人生」的觀念，以及了解因果之間的關聯後，讓自己的人生觀轉為更積極；此外，更經常思惟「敬慈和真」與「觀功念恩」的道理，將其運用到待人處事和行政服務當中；此與 Weare（2013）指出，禪修可以有效改善心理健康和積極的行為的研究結果可以相互對照應證。

第叁篇

學習歷程參考部分

第五章　學習心得與建議

「盡日尋春不見春，芒鞋踏破嶺頭雲；

歸來偶把梅花嗅，春在枝頭已十分。」

---唐・無盡藏禪師---

　　從前一章實證研究資料分析與討論中發現，六位高等教育工作者學習禪修正念心路歷程，對於身心靈健康的影響，以及運用在教學研究輔導及服務工作上，有許多共同的經驗，也有部分個別不同的體悟和特徵，茲就本研究之研究目的和待答問題，分述相關結論和建議如後。

第一節　學習心得

　　本研究的主要目的包括：一、瞭解從事高等教育工作者學習禪修正念的心路歷程；二、探討禪修正念對高等教育工作者個人身心靈健康的影響歷程；三、研究禪修正念學習對於從事教學、研究和輔導及服務工作的影響。

　　前揭研究目的，透過第四章資料分析及討論過程，其中文本資料參考三 C 的分析進程進行，根據文本的範疇和概念編碼，透過資料排序和篩選予以分類、歸納，每節依據研究目的將所篩選文本資料作詮釋分析，最後再作綜合的討論，並與國內外文獻研究發現作對話和比較，得出相關研究結果，茲臚列本研究的相關結論如下：

壹、六位高等教育工作者學習禪修正念的心路歷程部分

　　由訪談資料分析和綜合討論中得知，六位研究參與者學習禪修正念過程，從接觸學習、體會領悟到實踐運用三個階段中，有許多共同經驗，亦有一些個別的體悟和特徵，茲分別陳述如下：

一、均有善知識的接引並依止固定道場和大善知識修行用功

　　由訪談資料分析和綜合討論中得知，六位研究參與者學習禪修正念歷程中都有善知識的接引；其中三位教授（菩提、明心和禪悅教授）是善知識的接引先參加禪七活動，聽聞大善知識禪七開示後，再至禪修道場薰修禪修課程；而另外三位教授則是善知識接引，先到禪修道場上禪修課程後，再進一步報名參加禪七活動；六位研究參與者其共同重點都是因善知識的接引和大善知識的指導，在教理上因聽經聞法以及參加禪七活動而體悟因果、空性和心性等佛法的義理。其中喜捨教授更感嘆，學佛二十年繞遠路走錯路，最後才得遇大善知識，可見學習禪修正念需要有因緣和福報，才能接觸到正法與善知識，驗證佛經所云：「正法難聞，良師難遇」；也驗證佛經所謂：「譬如闇中寶，無燈不可見，佛法無人說，雖慧莫能了」。

　　此外，六位研究參與者學習禪修之心路歷程中，大部分初期雖參訪其他道場和學習不同法門，但最後得遇大善知識後均依止固定道場和法門（禪宗心地法門）持續不斷精進用功。《佛說四十二章經》中「舉難勸修」，其中第十六難即為會善知識難，可見在修行中得遇善知識不容易；最後六位研究參與者也分別擔任學校佛學社團指導老師或相關禪修社團領導人，成為其他師生們學習禪修正念的接引善知識。

二、體會慈悲、因果、空性和心性等道理，最後均自然而然長期茹素

　　從訪談文本分析及綜合討論中得知，六位研究參與者在學習禪修正念歷程中，飲食上均先後逐漸改為素食並成為長期茹素者。其中除慈悲教授從小即不喜歡葷食而吃素食外，其餘五位研究參與者，分別於接觸學習期或體會領悟期開始吃素，初初或因身體健康因素或因想提升靜坐功效等因素，但最後大都有提到是因為體會佛法因果、空性和心性（佛性）的道理，以及為長養慈悲心緣故，因此逐漸自然而然長期茹素；而茹素後確實對身體健康有所幫助外，另對於感官覺知能力、心的清淨和慈悲心的培養亦有所提升。此歷程經驗與國內外研究報告，乃至於佛法經典之義理均有許多相符合之處。然而，佛法亦有方便圓融之處，對於尚無因緣吃素者，亦開立有三淨肉[1]之慈悲方便，可漸進方式體驗而並非尚未吃素就不能學佛或學習禪修正念，此由本研究六位研究參與者吃素的心路歷程中亦可得到驗證。

三、不同因緣接觸和學習禪修，最後均以心地法門持續用功

　　從訪談文本分析及綜合討論中得知，六位研究參與者在學習禪修正念歷程中，大都從不同因緣接觸禪修正念，如有從身體健康因素接觸入門；有些是因為親眷病苦示現；也有因為體會世間的無常；也有是對心性之理的好奇和真理追尋；亦有對世間善法的相應而接觸禪修正念；另

---

[1] 指(一)眼不見殺，自眼不見是生物為我而殺。(二)耳不聞殺，於可信之人，不聞是生物為我而殺。(三)不疑殺，知此處有屠家，或有自死之生物，故無為我而殺之嫌。錄自《佛光大辭典》，p616。

由於佛法中許多義理，與中國傳統儒家思想十分契合，所以亦有初期先從儒學入門者。從文本資料分析中也發現，每一位研究參與者用功修行過程當中，對於空性、因果、心性道理的體悟，因個人相應程度而略有所不同；然而六位研究參與者無論是從何種因緣入門，但最後都是以心地法門持續用功，在理上透過禪七和聽經聞法用功，事上則於生活和工作當中，透過檢討反省和反覆練習加以磨練，多年來不間斷持續用功。

四、心靈轉化的重要階段有所不同，均於參加禪七活動或聽經聞法開啟

　　由文本資料分析和綜合討論中發現，六位研究參與者學習禪修正念重要心靈轉化階段有所不同，其中禪悅教授是發生在第一時期（接觸學習期），法喜教授是發生在第二時期（體會領悟期），其餘四位教授（菩提、明心、喜捨和慈悲）則是發生在第三時期（實踐運用期）；然而其共同重點都是因為參加禪七活動或是參加法會，聆聽到大善知識開示，最後對佛法的真實義理有所體會，包括因果、空性和心性的道理都分別有所契悟，從此持續參加禪七活動或禪修課程並精進學習禪修正念，同時將禪修正念的體悟，運用於生活和工作當中，時時自我檢討反省和反覆練習並和佛法的義理相互應證。

貳、禪修正念對六位高等教育工作者身心靈健康的影響歷程

　　由前揭研究資料討論與分析結果可知，六位研究參與者在學習禪修

正念後，對個人身心靈健康都有所提升和幫助，特別是心靈上的體悟。
以下茲就影響歷程結果，說明如次：

一、禪修正念學習過程中，確實有助於身體健康的提升

從六位研究參與者分享學習禪修正念心得中，對於個人身體的健康
提升部分，菩提教授和禪悅教授分享確實可以改善睡眠品質和身體的健
康；其中菩提教授因體會到眾生皆有佛性啟發慈悲心，因而將飲食改為
茹素，同時對其身體健康有所提升不容易感冒。禪悅教授分享則是發現
茹素確實對靜坐和身體健康是好的助緣。而喜捨教授則談到禪修正念對
於身體健康的影響，體會到是先心理而後影響身體，是因為心安理得而
可以高枕無憂，睡眠品質自然變得很好，只不過是禪修正念的附帶好處
而已。法喜教授也是認為先心理而後影響身體，體會到欲望減少時，自
然能神清氣爽安然入睡。可見禪修正念學習歷程中，不論是直接對身體
健康改善或是間接透過心理的影響，確實都有助於身體健康的提升。

二、個人心靈層次的健康，在禪修正念學習歷程中逐漸提升

學習禪修正念對於個人心靈層次的提升部分，六位研究參與者在分
享學習過程中，因為佛法義理的體會，加上自我反省能力的提升以及慈
悲心的啟發，飲食自然而然改為素食，不但色身較為淨化健康，心靈層
次的健康亦有所提升。此外，菩提教授、明心教授和禪悅教授均提到學
習禪修正念後，對於心性之理有所體悟，提升了自我覺察能力，能夠較
清楚看到自己和他人的起心動念，處理事情是用覺性而非慣性，可以避
免許多待人處事上的障礙和衝突；明心教授另分享最近打完禪七後，更

深刻體會清淨的心性，當清淨心現前時就彷彿是當下繁花盛開，常常有法喜充滿，有一種幸福的感覺。

菩提教授和慈悲教授另外談到，體悟佛法緣起性空之理，在待人處事時較能夠不執著和容易放下我執。慈悲教授進一步提到，因自小即不喜葷食，體會利他慈悲的道理後，比較能放下瞋念而不容易生氣。另外，喜捨教授和慈悲教授因體悟到因緣果報的道理，覺得自己所有的一切乃至未來，都掌握在自己的起心動念當中，因此感覺人生充滿了意義和無限的可能性，只要在因地上努力，果報自然現成，人生轉為而更為積極。綜上，六位研究參與者個人心靈層次的健康，在禪修正念學習歷程中確實有所提升。

三、體悟佛法因果、空性和心性等道理，成為身體力行的學佛行者

六位研究參與者，均非只是在學術上研究佛學學者，而是身體力行的學佛行者。例如一般人乃至大學教授們，很難放下身段或是放下對於名位和利益的執著，由訪談文本當中得知，六位研究參與者對於佛法緣起性空等的道理有所體悟後，較一般人不執著於名相，學習如《金剛經》中云：「無我相、無人相、無眾生相、無壽者相」的境界；例如菩提教授擔任過學校一級主管多年後，因為系所業務發展需要，又回鍋擔任系所主管；明心教授擔任過系所主管，但因學校一級單位需要，願意屈就協助擔任處室組長職務；又如禪悅教授擔任過學校一級和二級主管多年，也是因為系所業務發展需要，最後仍答應重新回鍋擔任系所主管；此外，慈悲教授升等前擔任學校處室組長職務，升等後歷經多位主管更迭，新到任主管均請其繼續協助業務，正如本研究對其匿稱為慈悲

教授一樣，仍繼續慈悲協助達三任（九年）之久。可見上述共同研究參與者，確實是學佛行者，而非只是在學術上研究佛學學者。

四、生活或工作乃至待人處事中，實踐菩薩自利利他的六度波羅蜜行誼

　　佛法和禪修正念強調的是解行並重，體悟佛法的道理後還要親自實踐，亦即在理上有所體悟後，於事上還要隨時檢討反省乃至反覆練習。六位研究參與者學習禪修正念後，在生活或工作乃至待人處事中，都有實踐和學習菩薩自利利他六度波羅蜜的行誼；例如六位研究參與者因學習禪修正念，最後均為皈依佛門並成為受持五戒[2]的佛弟子，其中四位更受在家菩薩戒[3]。在布施部分，六位研究參與者均先後擔任佛學社團指導老師，乃至全國性禪修社團負責人，出錢出力乃至布施寶貴時間；此外，也經常接引學子和有興趣學習禪修正念者，不吝分享心得和法布施，此篇論文得以完成，最主要也是得助於六位研究參與者的法布施。

　　在六度波羅蜜中精進部分，六位受訪教授平均學習禪修正念年資達18 年，與平均教學年資相同，更難能可貴的是多年來仍持續在道場中聽經聞法禪修用功。在禪定部分，六位受訪教授至少參加禪七活動二次以上，平日除在道場禪修課程有靜坐外，在家中亦均有持續靜坐用功。在般若部分，六位受訪教授對於佛法般若智慧，包括空性、因果、心性等道理均有相當體悟，於理上體悟後，並在事上磨練，且多年來仍持續

---

[2] 為在家男女所受持之五種制戒。即：(一)殺生，(二)偷盜（不與取），(三)邪婬（非梵行），(四)妄語（虛誑語），(五)飲酒。又作優婆塞五戒、優婆塞戒。錄自《佛光大辭典》，p1097。

[3] 菩薩戒，指大乘佛教所受持的三聚淨戒，即：斷一切惡的攝律儀戒，積集一切善的攝善法戒，攝受一切眾生的饒益有情戒。錄自釋星雲（2014）。星雲大師文集－佛光教科書。擷取自http://www.masterhsingyun.org.tw/article/chapter.jsp。

不斷精進回復用功。六位研究參與者，努力實踐菩薩自利利他的六度波羅蜜行誼，此與佛法基本教義中四聖諦、六波羅蜜和八正道闡述的道理可以相互融通。

參、禪修正念對於從事教學、研究、輔導及服務工作的影響

　　由前揭結論一、二可知，六位研究參與者在學習禪修正念後，對個人身心靈健康都有所提升和幫助，特別是心靈上的體悟；修行即是在義理上有所體悟後，於事上還要運用練習；因此，六位研究參與者也都將因緣果報、緣起性空和心性之理的體悟，運用在從事教學、研究、輔導及服務工作之中。以下茲分別就禪修正念對教學、研究、輔導及服務等工作之影響結果，說明如次：

一、禪修正念運用於從事教學部分

　　有關禪修正念對於於從事教學的影響，從本研究參與者分享心得綜合分析可知，其實在從事教學當中也是在練習禪修正念；例如菩提教授提到在教學當中，帶領學生時也需要提起覺性，還要時時檢討反省；老師也要學習菩薩瞭解學生的根器和習性，所謂因材施教，不但要有耐心還要善巧方便因勢利導，以學生的利益為利益，把個人我執我相放下，如此才能夠真正幫助學生提升，而自己的修行也有所成長，此亦即菩薩在利他當中完成自利。明心教授則談到，每次自己上完禪修課程後再去學校教課時，心念會更澄明，思緒也很清楚，教學上更能夠提綱挈領，

這是先自利而後利他的歷程。

　　另喜捨教授也同樣提到，在教學上除了認真備課以外，上課時覺性還要能時時現前，因為如果是覺性存在，縱使是責備學生也是一種基於慈悲心的關懷，而不是老師情緒的發洩。慈悲教授則體會到，時時檢討思惟佛法中「觀功念恩」的觀念用在教學上，以慈悲利他之心帶領學生，設身處地為學生著想，發現學生的優點和耐心鼓勵，善巧方便引導，以學生成就為成就，教學工作在利他當中也完成了自利。

二、禪修正念運用於從事研究部分

　　有關禪修正念對於於從事研究工作的影響，從本研究參與者分享研究升等的心路歷程中可知，菩提教授因為學習禪修正念的影響，體會因緣果報的道理，因此較能夠隨緣盡份作研究和發表論文，並以平常心看待升等這件事，最後也順利完成升等。另如法喜教授分享，即使在面對處理繁雜人事時，因體悟因緣法的道理，亦能夠即做即了，隨時銷歸自性提起正念並回到當下，不但研究工作沒有中斷，而且持續研究和發表論文並通過升等教授。正如佛經云：「制心一處，無事不辦[4]」；因此，吾人如能時時提起正念，隨時回到當下這一念心，並將之用於研究工作上，就會如經上所云無事不辦，學術研究一定會有所成就。

三、禪修正念運用於輔導及服務工作部分

　　在行政服務和輔導工作中運用禪修正念的影響，菩提教授提到在擔任行政主管帶領同仁時，會分享其學習禪修正念所體會因緣果報的道

---

[4] 錄自 CBETA（2009），《頓悟入道要門論》卷 1。

理，提升同仁們的正念，符合研究指出，當組織成員個人覺觀正念能力增加時，有助促成組織發展與目標達成。

明心教授則分享在帶領研究團隊或共同研究計畫時，會先用真善美聖的善法來作溝通，進而再用正念來引導，凝聚大家的價值觀和理念後，發現在團隊共同研究工作上，會有事半功倍的效果；至於在擔任主管的行政領導和服務工作時，禪修讓自己比較能夠提起正念和調和自己，學會時時觀照應變和提起覺性，在帶領同事或跟同事互動，也比較會想到給彼此空間。

禪悅教授則是會運用禪修心得中慈悲的觀念，從事行政領導時經常幫屬下找解決問題的方法，對同仁犯錯，也會用寬恕和鼓勵代替責難。法喜教授則是將學習禪修正念後，體悟因緣法和心性的道理，運用在承擔重要和繁複的行政職務時，明確果斷處理學校當時為 SARS 和肺結核疫區等重大事件。至於在學生輔導工作上，菩提教授曾經適時以佛法因緣果報的道理，引導學生學習去轉念，試著用較寬廣角度來看問題和解決問題，進一步接引其學習禪修正念，最後化解了心中煩惱。

肆、禪修正念對高等教育工作者影響的歷程模式初構

綜合前述結論有關六位共同研究參與者，學習禪修正念的心路歷程、身心靈健康影響歷程及對教學、研究、輔導及服務工作的影響，依據文本資料分析中重要概念歸納，初步架構禪修正念對高等教育工作者影響歷程的模式如圖 5-1。

其中在「理」（理論）上體悟，包括佛法的基本教義和因果、空性和心性的道理，如六位共同研究參與者的重要轉化階段，均是因為參加

禪七活動或是大善知識的開示而啟發，可見「聽經聞法」和、「禪七體悟」的重要性。

至於在「事」（實務）上運用時，除了需要在「理」上體悟外，更重要的是實務運用包括在生活中或是教學、研究、輔導及服務工作時，要時時「檢討反省」，更重要的是要透過「反覆練習」，最後逐漸達到「理事圓融」（理論實務結合）的境界，找到人生的目的和生命的意義，乃至於體悟終極的真實。

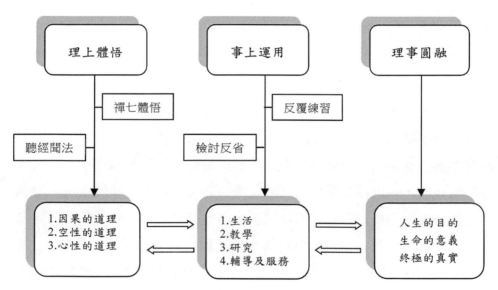

圖 5-1　禪修正念對高等教育工作者影響的歷程

第二節　學習建議

從前一節六位高等教育工作者學習禪修正念的心路歷程、禪修正念對個人身心靈健康影響歷程，以及對於從事教學、研究、輔導及服務工

作的影響等三方面的研究結論中，提出給未來如欲學習禪修正念之高等
教育工作者，較重要之研究建議如次：

一、學習禪修正念要依止道場和大善知識修行，以免繞遠路 和走錯路

在六位研究參與者學習禪修正念的心路歷程中，其重要轉化過程，
大都是聽聞大善知識的開示而有所體悟，最後也依止固定道場和大善知
識持續用功。因為佛法的道理廣博且深奧，與一般世間知識不同，若無
實修實證大善知識的引導和開示，不易全面瞭解並將禪修正念運用於生
活和工作當中。因此如欲學習禪修正念，或是想瞭解宇宙人生的真理之
高等教育工作者，不論是「聽經聞法」或是「禪七開示」，建議要依止
大善知識學習和修行，以免如研究參與者中所感嘆，二十年來在追尋生
命的答案上走錯路、繞遠路。因此，建議如有興趣修習禪修正念的高等
教育工作者，可以跟有經驗的過來人請益其修行心得，並依止法門相應
的大善知識和道場修行；也可以試著參加一次正式的禪七活動，體驗禪
法心性的道理；另目前西方以科學實證所推行的正念課程如 MBSR 或
MBCT，亦不失為一個方便法門，但如能先瞭解修行的方便和究竟的道
理，相信會獲得更大的利益。

二、學習禪修正念要有正確的知見，俾提升個人全面身心靈 健康

學習禪修正念最重要的是認識正確知見，如禪宗祖師云：「只貴汝
知見，不貴汝行履」，因為知見方向錯誤了，就如同「南轅北轍」故

事，縱使再怎麼認真努力，永遠達不到最終目的地，因此前述結論要依
止道場和大善知識修行，就是避免個人摸索導致走遠路或走錯路；吾人
學習禪修正念如能一開始即認識正確的道路，掌握正確的知見，最後終
究會達到目標。正如永嘉大師《證道歌》云：「但得本莫愁末，如淨琉
璃含寶月；既能解此如意珠，自利利他終不竭[5]」。吾人許多身體的疾
病乃因心理所肇致，例如心中貪瞋癡三毒，導致種種的心理疾病，最後
影響身體的健康。佛法知見是良藥，例如慈悲心可以對治瞋恨心，而慈
悲心的培養是修行的重要資糧之一，其中茹素可以長養我們的慈悲心，
不論從個人健康、環境保護或是因果的觀點，建議可以嘗試以漸進方式
茹素。禪修正念的學習，正如蔗糖製造過程，會有許多的副產品，如專
注力提升、睡眠品質改善、壓力減輕等等，但其最終產品——去除心中
貪瞋癡三毒，恢復本自清淨的覺性，達到究竟正念，乃至了悟人生終極
真實，才是最終最重要的目的；過程當中容或有許多方便法門，但要能
善分辨，因此不論東西方禪修正念學習者，若能一開始就瞭解和認識正
確的知見，相信在的學習上會提升個人全面身心靈健康，乃至人生當中
可以獲得更大利益。

三、透過持續練習和具體力行並落實於生活和工作，才能真正獲得利益

　　本研究結論中，六位研究參與者學習禪修正念後，對於佛法「理」
上體悟空性、因果、心性等道理後，於「事」上運用時，落實於生活以
及教學、研究、輔導及服務工作上，成為身體力行的學佛行者，而非只
是一般研究佛學的學者。佛法因果、空性、心性等道理，乃至開悟或正

---

[5] 錄自 CBETA（2009），《永嘉證道歌》卷 1。

念層次，亦有深有淺，佛法中所謂：「生處轉熟，熟處轉生」，如欲透過禪修達到究竟正念，需要透過不斷地在生活乃至工作上練習，檢討反省改正，才能見到功效。國外正念課程，也是強調正念學習者要透過反覆的練習，還要具體力行和實踐才能從中受益，正如 Kabat-Zinn 所說正念就像是菜單，光看是不會飽的。因此，建議如有興趣修習禪修正念的高等教育工作者，可試著參與國內禪修團體的活動或國外正念訓練課程，並於生活和工作當中運用和練習；但不論是學習東方或西方禪修正念，除了要有正確知見外，還需要有長期修習的準備和毅力，否則禪修正念只不過就像是另一個學術名詞而已，不容易跟自己的生活和生命相互連結，當然最後對教學、研究、輔導及服務工作，也不會有太大的助益。

四、屏除我執我見，以佛法為根西學為用，截長補短自利利他

禪修正念雖淵源於東方佛法，但因東西方文化背景等因素不同，在發展的過程中有所差異，例如東方禪修正念（以漢傳佛教而言），比較屬於大乘佛法理念，除強調個人自我解脫，亦強調自利利他，除了在自我身心離苦得樂以外，尚有一終極真實和目標，亦即菩提涅槃境界的追尋，希望能達到自他均臻圓滿的最高境界。而西方禪修正念，主要以南傳小乘佛教中四念住（處）法門為主，相對於東方大乘佛法而言，西方正念較強調從自我慈悲開始，著重於個人自我解脫和自我身心離苦得樂，比較著重於自利圓滿部分。

本研究禪修正念學習者，較偏向大乘佛教，以禪宗明心見性見性成佛，了悟心性乃至了脫生死為主要目的。惟無論東方或西方所推行的禪修正念，其實都是依據佛法三十七助道品中「四念住」或是「八正道」

等佛法修行法門用功。《六祖壇經》云:「人雖有南北,佛性本無南北」;東西方禪修正念學習,名相或有不同,但如能確實體認佛法的根本義理,如四聖諦、六波羅蜜、八正道等,乃至十二因緣及三十七助道品等根本道理,則不妨礙方便有多門;吾人如能體悟正念、心性與覺性等只是名相不同,而諸多法門或方法也都是標月之指,進一步更能截長補短,相信禪修正念乃至佛法,可以利益更多的有情眾生。

五、未來繼續研究方向的建議

(一)未來或許可以選取一至二位受訪者,特別是在高等教育界長期禪修有心得者,分別就教學、研究、行政服務選擇其中一項作更深入的訪談,以生命史或是個別主題,做更為深入的研究。

(二)個人學習禪修正念重要轉折或轉化部分,未來或許可以選取一位個案,就其生命轉化的內容和情境,如學習「禪修正念」是否有衝擊或障礙,以及如何突破等可以進一步作更深入的訪談和探討分析。

第三節　心路歷程回顧與省思

一、有因有緣事易成,一經春風枝枝新

剛開始構思論文題目時,首先想到何種學術領域是自己的興趣,也考慮如何得心應手和有把握的,當然也想到師父所提示的學術研究目的要能夠正德、利用和厚生。禪修學佛是自己多年興趣,當然沒有問題,但當前學術界乃至於教育界對於弘揚佛法仍存有許多歧見和疑慮,當然

研究佛學論文和著述也有很多，但都是以研究經教為主，因此如何研究長期的學佛行者，以及從何入手的確讓我思索了許久。因緣聚會下在南華大學生死所修習正念課程（MBCT、MBSR），以及參加英國牛津大學正念中心威廉斯教授的正念課程（MBCT）課程後，讓我找到入手處，既然八週正念減壓或正念認知課程能讓學員有許多正面的效果，那學習一、二十年禪修正念的高等教育工作的大學教授們一定有更好的效果，於是和指導教授討論後，確定了論文題目和方向。感恩六位學習禪修正念多年的大學教育工作者，在繁忙學術生活中，願意撥出時間接受訪談，同時布施分享其寶貴禪修正念的心得。撰寫過程深刻體會古德云：「有因有緣事易成，有因無緣果不生，不信但看寒江柳，一經春風枝枝新」。

二、隨順因緣成就善法，希望將佛法與學術和教育結合

國人對於學佛乃至於透過禪修靜坐學習正念的人，都存有不同的想法和先入為主的觀念。普遍的觀念是學佛不管是誦經、念佛、持咒乃至於禪修等，那是老人家或是退休後，乃至一般人面臨生活難處或生命困境，為找到一個依靠或是寄託所做的事，乃至於認為不論那個宗教，無非只是勸人為善而已。個人雖學習佛法接觸禪修團體多年，但也只能與同參道友相互討論和分享，鮮少與他人討論和分享，更遑論將學佛和禪修與學術及教育相互結合。國內許多禪修道場都在弘揚佛陀的教育，乃至於推廣人間佛教，結合慈善事業，亦有推廣所謂「佛法五化運動」其中包括：學術化、教育化、藝術化、科學化、生活化。這些都是本著安住大乘心，而善開的方便法門；然而方便雖有多門，歸元卻無二路。多年來在學習禪修正念和參加學界禪七，以及帶領學校禪修社團等因緣，

在教育界結識許多學習禪修正念多年很有心得和收穫，並將心得運用在其教學研究和輔導及服務上，因此起念希望將這些在高教育界工作者，學習禪修正念並用在教育場域上的寶貴心路歷程和經驗，透過質性研究的深度訪談，分享給其他高等教育工作者，也希望隨順此一因緣將禪修正念與學術相互結合，並推廣和應用到教育界。

三、人生如夢築夢踏實，遠赴英國參學取經

博士論文題目和方向確定後，在搜集國內外資料時，發現國外已有許多寶貴實證資料，在完成前三章內容並提博士論文大綱初試時，感謝指導教授和口試委員們對此一題目和內容的支持並給予寶貴修正建議，同時也有許多期許和勉勵。本文研究架構和初步內容，亦曾於「2013年佛學與人生學術研討會」中提出發表，感恩與會深入經藏的法師，以及諸多在佛學上有專研的教授們，給予寶貴修正和深入研究方向建議。論文大綱初試通過後，同時也獲得學校國際處教學卓越計畫學海飛颺補助出國獎學金，為了專心博士論文寫作及資料蒐集，同時一圓當年未完成留學歐洲之夢，於是毅然決然辦理退休將公務生涯告一段落，負笈遠赴英國牛津大學正念中心參學取經。

四、返觀覺照安住正念，回到當下繁花盛開

回想剛構思博士論文時，亦有師長建議以量化取向來撰寫，而且先前兩篇碩士論文都是以量化取向，以量化方法當然會比較容易完成，但想想博士論文題目和內容，以量化方式不足以描述個人內心世界，最後決定以質性取向，希望能原汁原味將研究參與者的法布施，供養分享大

眾。剛開始寫作論文時，老實說只想趕快把它寫完，就好像生活當中壓力來了或煩惱升起，總想趕快解決；心境其實也像一般人爬山一樣，總想趕快攻上山頂，完成一項目標，彷彿山頂才是唯一的目標和快樂，此時往往忽略了爬山過程中的美麗事物和風景。後來覺察到自己的心念，想想我的論文內容不就是探討禪修正念對高等教育工作者的影響嗎？那我的正念和覺性又在哪裡？我的壓力和煩惱不就是來自我的自我期待嗎？我的當下又在哪裡？想想後就把想儘快寫完論文的念頭放下，好好安住在前往英國牛津大學正念中心參訪學習的過程。

其實大學裡的教育工作者也大都跟我一樣身兼多職，回想個人除擔任教育行政工作（秘書），兼任教學工作（通識中心生死學講師），同時又進修博士班學位，此外還有家庭和子女教育問題須花心思，還好有持續學習禪修正念並把它用在家庭和工作上，不然蠟燭三頭燒，著實是會有時間壓縮不夠用的煩惱和壓力，此時念頭適時的「提起」和「放下」是最受用的方法之一。在英國進修寫論文時期感到十分法喜，因為逾知天命之年還能當個專職的學生出國進修，真正享受學習的愉悅，在分析研究參與者文本資料以及參與牛津大學正念中心課程中，感受到所謂吾道不孤也，在學習禪修正念的人生旅途中，感恩有許多亦師亦友的同參道友相互鼓勵和扶持。

五、安住大乘心，善開方便門；方便雖多門，歸元無二路

國外學術界中所稱「mindfulness」，國內有許多不同的翻譯，如「正念」、「內觀」、「覺觀」等等，目前翻譯著作中較多的翻譯是「正念」，但正念一詞又牽涉到是根源於四念住或是八正道。個人覺得究竟「正念」就像是佛法中所稱「佛性」，「覺性」，「菩提涅槃」，

「不生不滅的心」，「能知的那念心」，「阿耨多羅三藐三菩提」，最終究竟講的都是每個人那一念清淨無染之心；但是一般人因為常望文生義，或執著於文字相，所以才會有所爭議。西方學術界為方便接引學人，將之稱為「mindfulness」，我們現在再將其再轉譯過來，若不能瞭解方便有多門，歸元無二路之理，恐怕在我執甚重的學術界中，就像瞎子摸象的公案，永遠都不會有一個標準答案。

吾人如真正想從學習「正念」當中得到利益者，不論是稱為「正念」、「內觀」或「覺觀」都不重要，因為那都是「標月指」，但那畢竟不是月亮；要想見到十五月圓，只有老老實實一步一步在心念上去用功練習，所謂「生處轉熟，熟處轉生」，不然只會像是《六祖壇經》中「風吹幡動[6]」的公案一般，都在爭論著到底是風動還是幡動。

正念不論是源於四念住（處）或是八正道，其實都是佛法三十七助道品中的一個修行方便法門。個人認為 Kabat-Zinn 最大貢獻是把深奧佛法體悟，用一個很簡易較為人們接受和瞭解的操作型定義引進學術界，如果當時他也用深奧文字翻譯給外國人去看，我想正念就不會像今日如此受學術界的重視和廣為接受。

六、世俗名利的省思，學佛與佛學的分別

研究者本身也跟許多學習正念者一樣，先後參與 MBSR／MBCT 初階研習、進階研習訓練，參與大師研習課程獲取證書並與其合影，甚至遠赴英國正念中心取經，常想到底是為名還是為利？但想想西方正念也是學佛自利利他的方便法門之一，於是就毅然決然踏入學習之列。所謂方便有多門，歸元無二路，正如《維摩詰所說經佛道品第八》當中所

---

[6] 錄自 CBETA（2009），《六祖大師法寶壇經》行由品第一。

言：「先以欲鉤牽　後令入佛智」；另《法華經》〈譬喻品〉所稱火宅喻、藥草喻等等，也都是諸佛菩薩慈悲為渡眾生所想出來的善巧方便；如今正念學習之於世人，何嘗不也是如此。

當前學術界在研究正念者，就好像在研究蔗糖的製造過程和成分，其實蔗糖甜不甜，吃了是否對身體的益處，只有真正吃了而且還要持續一段時間才會知道。正如佛學與學佛之分別，所謂佛者覺也，學佛是學習佛的覺性，學習佛的身口意三業清淨，而不只是研究佛學名相而已。佛法中有所謂八難三途[7]，其中之一難就是「世智辯聰難」，學者們如只是以自己世間聰明和知識去推論佛法，很難跟出世間法（跳脫出時間和空間，或是不執著於時間和空間的法）相應。吾人如想修習正念（mindfulness）並得到利益者，如果只是望文生義，未能腳踏實地去實踐，那也只是許多妄想執著的另外一種妄想執著罷了，正如看著菜單是不會飽的。研究者跟所有想學習正念者一樣，都是在妄想執著中的迷途羔羊，但幸得大善知識引導，雖尚未見到十五月圓，但深信知見對了，修行的方向對了，依著標月之指，行人總有一天會回到清淨自性之家。

七、只貴汝知見，不貴汝行履

信、解、行、證，為修行學佛的四個階段，學習禪修正念也是一樣。《大智度論》云：「佛法大海，信為能入，智為能度」。當今正念西風東進，帶給國人學習禪修正念的信心，雖然學習正念的人越來越多，這是好現象；但是如同多年前學禪風氣鼎盛一樣，願意真正深入瞭

---

[7] 指不得遇佛、不聞正法之八種障難。又作八難處、八難解法等。據長阿含卷九「十上經」、中阿含卷二十九「八難經」等載，八難即：（一)在地獄難。（二)在餓鬼難。（三)在畜生難。（四)在長壽天難。（五)在邊地之鬱單越難。（六)盲聾瘖瘂難。（七)世智辯聰難。（八)生在佛前佛後難。錄自《佛光大辭典》，p318。

解畢竟不多，而且能夠持續用功更少，因此只有信受奉行持續用功者方能從中獲益，因為除了「信」以外，還需要「解、行、證」；正念的學習也是一樣。西方學術界，將正念做出操作型定義，訂定學習操作手冊，有實證研究做依據，並有一套學習證照程序和制度，這是西方學術界的長處，值得我們效法；但正念畢竟不只是學術研究的名詞而已，它的意涵有淺有深，每個人不論是否接觸佛法或禪修，正念都攸關我們每天的生活，甚至是生命中最重要的部分。正如本文結論所述，正念學習如同蔗糖製造過程，有許多的副產品，如專注力提升、幫助睡眠、減輕壓力等等，但最終產品——究竟正念（本自清淨的覺性）才是最重要的，如學習者一開始能瞭解和認識，相信會獲得更大利益。

八、研究執行中面臨的兩難困境和解決方法說明

（一）受訪個案生活中有面臨家族親友債務問題，雖以佛法因果等道理去面對此困境，可作為生活情境運用禪修正念很好的例證，但因涉及個人隱私最後決定不再做深入詢問，並將該段從文本中捨去。

（二）禪修正念學習除須善知識引導外，重點是個人用功修行，和所謂信、解、行、證過程。由於研究者本身也是從事高等教育工作者，同樣亦是學習禪修正念多年，因此在本研究執行上，特別是研究參與者訪談文本資料的分析和詮釋上，較為得心應手容易同理詮釋，但亦容易產生想當然爾的先入為主的觀點；因此，特別另商請二位同樣是從事高等教育工作，一位有禪修經驗，另一位則是對禪修有興趣但未實際接觸道場和禪修活動者，擔任同儕稽核和諍友的角色，其間幾次討論過程當中，確實帶給研究者許多省思，減少研究者在分析和詮釋時先入為主的刻板印象或立場。

九、春上枝頭，騎牛歸家

　　整個研究過程中，深深覺得個人受益最多，如果不是要完成一篇博士論文，可能沒有因緣聆聽六位多年學習禪修正念教授們的法布施和分享，也不會瞭解學術界對禪修正念的看法，更不會遠赴英國牛津大學正念中心取經學習，讓自己對禪修正念有更深入瞭解和信心。

　　唐‧無盡藏禪師偈云：「盡日尋春不見春，芒鞋踏破嶺頭雲； 歸來偶把梅花嗅，春在枝頭已十分」。古時修行人為求悟道參訪大善知識，經常翻山越嶺千里迢迢，其實「春」和「道」不就是人人本具的佛性、覺性和究竟正念；正如《六祖壇經》所云：「何期自性本自具足，何期自性本自清淨」，但因我們多生累劫以來的的妄想執著和習性所覆蓋而無法顯現。研究者本身體悟雖淺，但透過此次研究更確信只要能夠依止大善知識正確知見持續用功修行，終有一日也能撥雲見日，春上枝頭，騎牛歸家，回到那本自清淨心性之家。

十、學習菩薩慈悲行誼，相互切磋共證菩提

　　昔日楞嚴會上佛陀請二十五位大阿羅漢及菩薩們，分別敘說自己所證得圓通的法門，作為其他弟子修行的學習對象；今日六位在高等教育界學術素有厚望教授們，願意接受訪談同時將多年修行所得應用在教育場域上的經驗，毫無保留真誠布施分享，真正可謂是落實菩薩的慈悲行誼；此篇論文的成就完全歸功於六位共同參與研究教授們的慈悲心得法布施，期待他日有緣能邀集六位教授菩薩們，共聚一堂互相分享對於禪修正念的體悟和運用於生活和工作上的寶貴經驗，也廣邀對禪修正念有興趣的高等教育工作者，期能相互切磋共證菩提。

參考文獻

一、中文部分

M. Waite（主編）（2012）。**牛津辭典**。新北市：旺文社。

丁凡、江孟蓉、李佳陵、黃淑錦、楊琇玲（譯）（2014）。J. Kabat-Zinn 著。**正念的感官覺醒**。臺北：張老師文化。

中臺世界（2014）。**中臺簡介/禪修教育/禪七意義**。擷取自 http://www.ctworld.org.tw/index.htm

中華電子佛典協會【CBETA】（2009）。**電子佛典集成**。擷取自 http://www.cbeta.org/

王文科、王智弘（2010）。質的研究的信度和效度。**彰化師大教育學報，17**，29-50。

石世明（譯）（2012）。J. Kabat-Zinn、R. J. Davidson 與 Z. Houshmand 著。**禪修的療癒力量:達賴喇嘛與西方科學大師的對話**。臺中：晨星。

石世明（譯）（2018）。Segal, Z.V., Williams, J.M.G., & Teasdale, J.D. 著。**找回內心的寧靜:憂鬱症的正念認知療癒**（第二版）。臺北。心靈工坊。

朱迺欣（譯）（2010）。J. H. Austin 著。**打坐與腦:打坐的腦中腳印**。臺北：立緒。

朱嫺玢（2008）。**靜坐經驗、心智專注影響決策品質與組織情感產出之研究**（未出版之碩士論文）。國立雲林科技大學，雲林。

江吟梓、蘇文賢（譯）（2010）。M. Lichtman 著。**教育質性研究：實用指南**。臺北：學富文化。

何定照（譯）（2004）。Thich Nhat Hanh 著。**正念的奇蹟**。臺北：橡樹林文化。

佛光山（2014）。**佛光禪風禪法**。擷取自 https://www.fgs.org.tw/cultivation/fgu-chan/style/style-index.htm

佛光山宗務委員會（1997）。**佛光大辭典**。臺北：佛光文化。

吳宜親（2007）。**敘說一位研究型大學教師之自我座落**（未出版之碩士論文）。國立中央大學，桃園。

吳芝儀（譯）（2008）。A. Lieblich,、R.Tuval-Mashiach 與 T. Zilber 著。**敘事研究－閱讀分析與詮釋**。嘉義：濤石文化。

吳芝儀、李奉儒（譯）（1995）。M. Q. Patton 著。**質的評鑑與研究**。臺北：桂冠。

吳茵茵（譯）（2012）。M. Williams 與 D. Penman 著。**正念：八週靜心計畫，找回心的喜悅**。臺北：天下文化。

吳適達（2009）。**禪坐的解壓機制研究**（未出版之博士論文）。國立交通大學，新竹。

李宇皓（2005）。**靜坐練習過程中以自我暗示來影響生理參數之初步探討**（未出版之碩士論文）。國立成功大學，臺南。

李政賢（譯）（2006）。C. Marshall 與 G. B. Rossman 著。**質性研究**。臺北：五南。

李政賢（譯）（2009）。I. Seidman 著。**訪談研究法**。臺北：五南。

李雅慧（2008）。**臨床護理照護工作者靜坐、職場靈性與照護工作品質之相關研究**（未出版之碩士論文）。國立雲林科技大學，雲林。

李燕蕙（2014）。正念療法的發展：從 MBSR 到 MBCT。**慧炬雜誌**，

590，p14-19。

初麗娟、高尚仁（2005）。壓力知覺對負面心理健康影響：靜坐經驗、情緒智能調節效果之探討。**中華心理學刊**，**47**（2），157-179。

周鉦翔（2013）。**神經質、偏差態度、憂鬱症狀、自殺意念與活下來的理由對大學生自殺企圖之影響**（未出版碩士論文）。國立成功大學，臺南。

林佳瑩、徐富珍（譯）（2004）。E. Babbie 著。**研究方法－基礎理論與技巧**。臺北：雙葉。

林曉君（2008）。**非營利組織領導者領導歷程與轉化學習之研究－以慈濟基金會為例**（未出版之博士論文）。國立高雄師範大學，高雄。

法鼓山（2014）。**大普化教育 / 禪修 / 法鼓禪風**。擷取自 https://www.ddm.org.tw

法燈叢書（2014a）。**初級禪修班教本**。南投：文心文化。

法燈叢書（2014b）。**中級禪修班教本**。南投：文心文化。

法燈叢書（2014c）。**高級禪修班教本**。南投：文心文化。

邱宜君（2012 年 12 月 10 日）。1 個年輕人自殺背後…30 人曾企圖自殺。**自由時報**。擷取自 http://tw.news.yahoo.com/1 個年輕人自殺背後-30 人曾企圖自殺-202810240.html

邱俐穎（2013 年 10 月 6 日）。5 分鐘不滑手機 青少年會憂鬱。**中時電子報**。擷取自 http://www.chinatimes.com/newspapers/20131006000295-260114

阿姜念、孫倫・訓戒法師（2002）。**內觀禪修**。臺北：大千出版社。

南華大學（2014）。**全球首創正念學學校　南華大學開設正念靜坐**。擷取自 http://rel2.nhu.edu.tw/app/news.php?Sn=48

姜雪影（譯）（2012）。S. Sinek 著。**先問，為什麼？啟動你的感召領**

導力。臺北：法鼓文化。

紀岳錡（2012）。**從教師觀點探討反思教育帶領歷程之研究**（未出版之碩士論文）。私立靜宜大學，臺中。

胡君梅（2012a）。**正念減壓團體訓練課程之行動研究**（未出版之碩士論文）。國立臺北教育大學，臺北。

胡君梅（2012b）。正念與內觀的譯詞及比較。**福嚴會訊，36**，16-17。

胡君梅、黃小萍（譯）（2013）。J. Kabat-Zinn 著。**正念療癒力：八週找回平靜、自信與智慧的自己**。臺北：野人文化。

胡欣男（2014 年 09 月 23 日）。臺大宅王情殺幼師。**中時電子報**。擷取自 http://www.chinatimes.com/newspapers/20140923000358-260102

家扶基金會（2014）。101 年度《大孩子健康權調查報告》。擷取自 http://www.ccf.org.tw/?action=news1&class_id=4&did=55

徐潔華（2010）。**從情緒經驗探究禪修學習者轉化學習歷程之研究**（未出版之碩士論文）。國立暨南國際大學，南投。

張文光（2012）。**人際互動禪修團體成員的身心體驗與改變之研究**（未出版之碩士論文）。國立東華大學，花蓮。

張可婷（譯）（2010）。U. Flick 著。**質性研究的設計**。臺北：韋伯文化。

張芬芬（譯）（2005）。M. B. Miles 與 A. M. Huberman 著。**質性研究資料分析**。臺北：雙葉。

張春興（主編）（2007）。張氏心理學辭典。臺北：東華。

張美惠（譯）（2003）。D. Goleman 著。**破壞性情緒管理——達賴喇嘛與西方科學大師的智慧**。臺北：時報文化。

張喬復（2009）。**覺觀正念與靈性領導對心理資本影響之研究**（未出版之碩士論文）。國立雲林科技大學，雲林。

張愷晏（2011）。諮商心理師靜坐經驗與自我覺察之探討（未出版之碩士論文）。國立暨南國際大學，南投。

章郁婕（2013）。學生 Facebook 成癮傾向之研究——以大學生與碩士生為例（未出版之碩士論文）。國立中央大學，桃園。

郭又銘（2012）。組織常規與覺觀正念：雙元結構的鬆動與融合（未出版之博士論文）。國立中正大學，嘉義。

陳玉璽（2013）。正念禪原理與療癒功能之探討：佛教心理學的觀點。新世紀宗教研究，**12**（2），1-24。

陳育含（譯）（2010）。S. Kvale 著。訪談研究法。臺北。韋伯文化。

陳德中、溫宗堃（譯）（2013）。J. Kabat-Zinn 著。正念減壓：初學者手冊。臺北：張老師文化。

傅偉勳（2012）。死亡的尊嚴與生命的尊嚴。臺北：正中書局。

童郁傛（2006）。禪坐對有學習禪坐意願大學生心理適應影響之研究（未出版之碩士論文）。國立新竹教育大學，新竹。

黃旭昇（2014 年 5 月 21 日）。江子翠站隨機砍人。中央社電子報。擷取自 http://www.cna.com.tw/news/firstnews/201405215010-1.aspx

黃惠琪（2007）。禪修者滅苦經驗之探討－以馬哈希內觀禪修法為例（未出版之碩士論文）。私立慈濟大學，花蓮。

黃馥珍、高琇鈴、賴幸瑜（2008）。一位諮商師在諮商與禪修中的自我成長經驗。輔導與諮商學報，**30**（2），37-62。

楊定一（2012）。真原醫：**21** 世紀最完整的預防醫學。臺北：天下文化。

楊定一（2014）。靜坐的科學、醫學與心靈之旅：**21** 世紀最實用的身心轉化指南。臺北：天下文化。

楊淑貞、林邦傑、沈湘縈（2007）。禪坐之自我療癒力及其對壓力、焦

慮、憂鬱與幸福感影響之研究。**玄奘佛學，7**，63-105。

溫宗堃（2011）。四念住如何是唯一之道。**福嚴佛學研究，6**，1-22。

溫宗堃（2013a）。西方正念教育向融入正念訓練於我國教育邁進。**生命教育研究，5**（2），145-180。

溫宗堃（2013b）。關於 MBSR 的起源、善巧方便與地圖問題的一些思考。**福嚴佛學研究，8**，187-214。

溫宗堃（2013c）。正念減壓的根源與作用機轉：一個佛教學的觀點。**新世紀宗教研究，12**（2），27-48。

溫宗堃、李慧萍、釋如一、釋宏滿、釋洞崧、釋見玄、……楊鎮鴻（譯）（2014）。B. Bhikkhu 著。正念的真正意思為何——巴利聖典的觀點。**福嚴佛學研究，9**，1-22。

葉芷妘（2011 年 10 月 29 日）。過勞死的學術界。**中時電子報**。擷取自 http://tw.news.yahoo.com/8 年 8 教授死於癌症世新嘆「過勞死的學術界」-213000924.html.

董氏基金會（2012）。**2012 年全國大學生憂鬱情緒與運動習慣之相關性調查**。擷取自 http://www.jtf.org.tw/psyche/melancholia/survey.asp?This=81&Page=1

雷叔雲（譯）（2008）。J. Kabat-Zinn 著。**當下，繁花盛開**。臺北：心靈工坊文化。

雷叔雲（譯）（2013）。M. Kabat-Zinn 與 J. Kabat-Zinn 著。**正念父母心，享受每天的幸福**。臺北：心靈工坊文化。

雷叔雲（譯）（2014）。B. Stahl 與 E. Goldstein 著。**減壓，從一粒葡萄乾開始：正念減壓療法練習手冊**。臺北：心靈工坊文化。

齊力、林本炫（編）（2005）。**質性研究方法與資料分析**。嘉義：南華大學社教所。

劉乃誌、林肇賢、王韋婷、梁記雯、涂珮瓊、呂嘉寧、黃君瑜（譯）
　　（2010）。M. Williams、J. Teasdale、Z. Segal 與 J. Kabat-Zinn 著。
　　是情緒糟不是你很糟。臺北。心靈工坊。

劉美玉（2013）。「中華禪法鼓宗」的禪修教育（未出版之碩士論
　　文）。國立政治大學，臺北。

劉劍輝（2008）。大腦功能性影像於靜坐生理調節現象之研究（未出版
　　之博士論文）。國立臺灣大學，臺北。

蔡麗芬（2006）。生命歷程作為宗教經驗──一個禪修者的自我敘說探
　　究（未出版之碩士論文）。南華大學，嘉義。

蔡耀明（2011，12 月）。佛教禪修做為心身安頓：以基礎觀念與關鍵
　　概念為線索。第五屆宗教生命關懷學術研討會，正修科技大學，高
　　雄。

盧映伃（2013）。以正念為基礎的認知治療團體對大學生焦慮情緒之諮
　　商效果研究（未出版之碩士論文）。國立臺中教育大學，臺中。

蕭瑞麟（2007）。不用數字的研究：鍛鍊深度思考力的質性研究。臺
　　北：臺灣培生教育。

賴信宏（2008）。福智教師工作情緒經驗與管理之研究（未出版之碩士
　　論文）。佛光大學，宜蘭。

韓沁林（譯）（2014）。B. Vidyamala 與 P. Danny 著。正念療癒，告別
　　疼痛：找回身心平衡的八週靜心練習。臺北：天下文化。

釋宗白（2010）。諮商心理師參與禪修正念團體的經驗知覺與影響之研
　　究（未出版之博士論文）。國立臺灣師範大學，臺北。

釋性禪（2014）。聖嚴法師的禪修教育理念──以觀音法門為主（未出
　　版之碩士論文）。私立法鼓佛教學院，臺北。

釋星雲（2001a）。從四聖諦到四弘誓願──論大小乘佛教融合的發

展。**普門學報，2**，1-27。

釋星雲（2001b）。六波羅蜜自他兩利之評析。**普門學報，4**，1-17。

釋星雲（2014）。**星雲大師文集──佛光教科書**。擷取自 http://www.masterhsingyun.org.tw/article/chapter.jsp。

釋善揚（2008）。**禪修者滅苦經驗之探討──以馬哈希內觀禪修法為例**（未出版之碩士論文）。私立慈濟大學，花蓮。

釋聖嚴（1996）。**聖嚴法師教禪坐**。臺北：法鼓文化。

釋聖嚴（2010）。**八正道講記**。擷取自 http://www.book853.com/show.aspx?id=160&cid=91&page=8

釋聖嚴（2011）。**心在哪裡？**。臺北：法鼓文化。

釋懺雲（1996）。四聖諦與十二因緣。**美佛慧訊，**43。擷取自 http://www.bauswj.org/wp/wjonline/

二、英文部分

Beauchemin, J., Hutchins, T. L., & Patterson, F. (2008). Mindfulness meditation may lessen anxiety, promote social skills, and improve academic performance among adolescents with learning disabilities. *Complementary Health Practice Review,13*(1), 34-35. doi: 10.1177/1533210107311624

Bernay, R. (2012). Mindfulness and the beginning teacher (Unpublished doctoral dissertation). Auckland University of Technology, New Zealand.

Biegel, G. M., Brown, K. W., Shapiro S. L., & Schubert, C. M. (2009).

Mindfulness-based stress reduction for the treatment of adolescent psychiatric outpatients: A randomized clinical trial. *Journal of Consulting and Clinical Psychology 77*(5), 855-866.

Black, D. S., Milam, J., & Sussman, S. (2009). *Sitting-meditation interventions among youth : A review of treatment efficacy.* Retrieved from http://www.pediatrics.org/cgi/content/full/124/3/e532.

Britton, W. B., Haynes, P. L., Fridel, K.W., & Bootzin, R. R. (2010). Polysomnographic and subjective profiles of sleep continuity before and after mindfulness-based cognitive therapy in partially remitted depression. *Psychosomatic Medicine, 72*(6), 539-548. doi: 0033-3174/10/7206-0539

Broderick, P. C., & Metz, S. (2009). Learning to BREATHE: A pilot trial of a mindfulness curriculum for adolescents. *Advances in School Mental Health Promotion, 2*(1), 35-45.

Brook, R. D., Appel, L. J., Rubenfire, M., Ogedegbe, G., Bisognano, J. D., Elliott, W. J., …Rajagopalan, S. (2013). Beyond medications and diet: Alternative approaches to lowering blood pressure: A scientific statement from the American heart association. *Hypertension, 61*, 1360-1383.

Crane, R. S., Kuyken, W., Hastings, R. P., Rothwell, N., &Williams, J. M. (2010). Training teachers to deliver mindfulness-based interventions learning from the UK experience. *Mindfulness, 1*(2), 74-86. doi: 10.1007/s12671-010-0010-9

Davis, D. M., & Hayes, J. A. (2011). What are the benefits of mindfulness? A practice review of psychotherapy-related research. *Psychotherapy,*

48(2), 198-208.

Emily L. B., Lykins, M. S., & Baer, R. A. (2009). Psychological functioning in a sample of long-term practitioners of mindfulness meditation. *Journal of Cognitive Psychotherapy, 23*(3), 226-241.

Germer, C. K., Siegel, R. D., & Fulton, P. R. (Eds.). (2005). *Mindfulness and psychotherapy.* New York: The Guilford Press. Retrieved from http://www.amazon.com/Mindfulness-Psychotherapy-Edition-Christopher-Germer/dp/1593851391#reader_1593851391.

Grinnell, S., Greene, G., Melanson, K., Blissmer, B., & Lofgren, I. E. (2011). Anthropometric and behavioral measures related to mindfulness in college students, *Journal of American College Health, 59*(6), 539-545.

Harvard. (2014). *Harvard health publications: Benefits of mindfulness.* Retrieved from http://www.helpguide.org/harvard/mindfulness.htm

Hennelly, S. (2010). The immediate and sustained effects of the .b mindfulness programme on adolescents' social and emotional well-being and academic functioning (Unpublished master's thesis). Oxford Brookes University, England.

Hölzel, B. K., Carmody, J., Vangel, M., Congleton, C., Yerramsetti, S. M., Gard, T., & Lazar, S. W. (2011a). Mindfulness practice leads to increases in regional brain gray matter density. *Psychiatry Research: Neuroimagin , 191*(1), 36-43.

Hölzel, B. K., Lazar, S. W., Gard, T., Schuman-Olivier, Z., Vago, D. R., & Ott, U. (2011b). How does mindfulness meditation work? Proposing mechanisms of action from a conceptual and neural perspective. *Perspectives on Psychological Science, 6*(6), 537-559.

Joshua C. Felver-Gant(2010). Teaching Mindfulness A Practical Guide for Clinicians and Educators, *Mindfulness (2010)*, 1:196–198, doi: 10.1007/s12671-010-0020-7.

Kathy, M. S. (2010) Mindfulness and psychotherapy. *The Journal of Lifelong Learning in Psychiatry, Winter, 8*(1), 19-24.

Matchim, Y. (2010), A qualitative and quantitative study examining effects of Mindfulness-Based Stress Reduction (MBSR) on physical and psychological well-being among breast cancer survivors (Unpublished doctoral dissertation). University of Missouri-Columbia, Missouri.

Mendelson, T., Greenberg, M. T., Dariotis, J. K., Gould, L. F., Rhoades, B. L., & Leaf, P. J. (2010). Feasibility and preliminary outcomes of a school-based mindfulness intervention. *Journal of Abnorm Child Psychol, 38*, 985-994. doi: 10.1007/s10802-010-9418-x.

Mindfulnet. (2013). *The mindfulness information website.* Retrieved from http://www.mindfulnet.org/index.htm

Moore, A., & Malinowski, P. (2009). Meditation, mindfulness and cognitive flexibility. *Consciousness and Cognition, 18*(1), 176-186. doi:10.1016/j.concog.2008.12.008.

Moore, A., Gruber, T., Derose, J., & Malinowski, P. (2012). *Regular, brief mindfulness meditation practice improves electrophysiological markers of attentional control.* Retrieved from http://www.ncbi.nlm.nih.gov/pmc/articles/PMC3277272/pdf/fnhum-06-00018.pdf

Murphy, C. M. (2006). Taming the anxious mind: An 8-week mindfulness meditation group at a university counselling center. *Journal of College Student Psychotherapy, 21*(2), 5-13.

Oman, D., Shapiro, S. L., Thoresen, C. E., Plante, T. G., & Flinders, T. (2008). Meditation lowers stress and supports forgiveness among college students: A randomized controlled trial. *Journal of American College Health, 56*(5), 569-578.

Palmer, A. (2009). Mindfulness, stress, and coping among university students. *Canadian Journal of Counselling, 433*(3), 198-212.

Richard, B., & Chris, C. (2013). *The mindfulness in schools project*. Retrieved from http://mindfulnessinschools.org/.

Semple, R. J. (2010). Does mindfulness meditation enhance attention? A randomized controlled trial. *Mindfulness, 1*(2), 121-130. odi: 10.1007/s12671-010-0017-2

Singh, N. N. (2010). Mindfulness: A finger pointing to the moon. *Mindfulnes, 1*(1), 1-3.

The Oxford Mindfulness Centre. (2013). *The oxford mindfulness centre*. Retrieved from http://oxfordmindfulness.org/

UC San Diego. (2013). *The UCSD center for mindfulness*. Retrieved from http://health.ucsd.edu/specialties/mindfulness/

Weare, K. (2013). Developing mindfulness with children and young people: A review of the evidence and policy context. *Journal of Children's Services, 8*(2), 141-153.

Zylowska, L., Ackerman, D. L., Yang, M. H., Futrell, J. L., Horton, N. L., Hale, T. S., Pataki, C., & Smalley, S. L. (2008). Mindfulness meditation training in adults and adolescents with ADHD: A feasibility study. *Journal of Attention Disorders, 11*(6), 737-746.

附　錄

附錄一　禪七行程範例

禪七行程（範例一）

報到	第一日（八關齋戒）	第二日至第六日	第七日
10：00　報到 ~13：00 14：00　基本 　　　　行儀 16：00　灑淨/ 　　　　起七 17：00　起七 　　　　茶會 20：00　起香 21：00　晚課 22：30　安板	04：15　起板 05：00　第一支香 　　　　（早課） 06：00　早齋 06：30　養息 08：00　正授八關 　　　　齋戒 09：00　趙州茶 09：30　第二支香 10：30　上大供 11：00　午齋 12：00　養息 14：00　講戒 16：00　第三支香 17：00　第四支香 17：40　養息 20：00　講戒 21：00　第五支香 　　　　（晚課） 22：30　安板	04：15　起板 05：00　第一支香 　　　　（早課） 06：00　早齋 06：30　養息 08：00　第二支香 09：00　趙州茶 09：30　第三支香 10：30　第四支香 11：30　午齋 12：00　養息 14：00　第五支香 15：00　第六支香 16：00　第七支香 17：00　第八支香 17：40　藥石 20：00　第九支香 21：00　第十支香 　　　　（晚課） 22：30　安板	04：15　起板 05：00　第一支香 　　　　（早課） 06：00　早齋 06：30　養息 08：00　第二支香 09：00　第三支香 10：00　第四支香 11：00　解七 11：30　解七茶會 　　　　/午齋 14：00　騎牛歸家

	備註：受持八關齋戒者當晚勿用藥石。		

註 1：以上禪七行程摘錄自：http://www.chungtai.org.tw/chan/chan7/ 僅供參考。

註 2：每支香時間為 40 分鐘，二支香中間尚有包括行香及休息 20 分鐘。

禪七行程（範例二）

國際漢傳佛教中心【國際禪修營】總日程表			
日期	時間	活 動 內 容	場所
第1日	9AM～2PM	報到、分配住宿、安頓行李	會場
	3AM～6PM	1.灑淨、大悲咒、2.拜 88 佛名寶懺 3.恭誦《地藏經》一部、4.放蒙山施食一堂	禪堂一 請法師領眾
	6PM～7PM	藥石	餐廳
	7PM～9PM	法師開示： 禪七規則說明：	禪堂
第2日	8AM～12AM	精進禪修	禪堂
	2PM～5PM	精進禪修	禪堂
	7PM～9PM	共同小參	禪堂
第3日	8AM～12AM	精進禪修	禪堂
	2PM～5PM	精進禪修	禪堂
	7PM～9PM	共同小參	禪堂
第4日	8AM～12AM	精進禪修	禪堂
	2PM～5PM	精進禪修	禪堂
	7PM～9PM	共同小參	禪堂

第5日	8AM～12AM	精進禪修	禪堂
	2PM～5PM	精進禪修	禪堂
	7PM～9PM	共同小參	禪堂
第6日	8AM～12AM	精進禪修	禪堂
	2PM～5PM	精進禪修	禪堂
	7PM～9PM	共同小參	禪堂
第7日	8AM～12AM	精進禪修	禪堂
	2PM～5PM	精進禪修	禪堂
	7PM～9PM	共同小參	禪堂
第8日	8AM～12AM	精進禪修	禪堂
	1PM～2PM	結七 / 迴向	禪堂

國際漢傳佛教中心【國際禪修營】每日活動行程表					
時　間	時辰	內容	場所	主持人	備註
7AM～8AM	7:00~7:15	起床			
	7:15~7:45	早餐			
8AM～9AM	8:00~8:30	禪修	禪堂	監香	
	8:30~8:50	行香/休息	停車場	監香	
9AM～10AM	9:00~9:30	禪修	禪堂	監香	
	9:30~9:50	行香/休息	停車場	監香	
10AM～11AM	10:00~10:30	禪修	禪堂	監香	
	10:30~10:50	行香/休息	停車場	監香	
11AM～12AM	11:00~11:30	禪修	禪堂	監香	
	11:30~12:00	運動/下堂	停車場	少林寺八段錦	

時段	時間	項目	地點	負責	
12AM～14PM	12:00~13:00	午餐	餐廳		
	13:00~13:50	午休	旅館		
14PM～15PM	14:00~14:30	禪修	禪堂	監香	
	14:30~14:45	行香/休息	停車場	監香	
15PM～16PM	15:00~15:30	禪修	禪堂	監香	
	15:30~15:45	行香/休息	停車場	監香	
16PM～17PM	16:00~16:30	禪修	禪堂	監香	
	16:30~16:45	運動/下堂	停車場	少林寺 八段錦	
17PM～19PM	17:00~18:00	藥石/晚餐	餐廳		
	18:00~18:45	洗浴/休息			
19PM～21PM	19:00~21:00	共同小參/ 問答	禪堂	主七者	
21PM～21PM	21:00~21:45	休息			

以上摘錄自：http://www.worldbtf.org/downloadpage/downPageIndex.html 僅供參考。

附錄二　共同研究參與者基本資料表

基本資料

代碼匿名	性別	學術領域（職稱）	教學研究資歷	參加禪七次數	禪修學習經驗	服務輔導經歷
A 菩提	男	自然科學（教授）	18 年以上	30 次以上	20 年以上	擔任導師、教育行政主管 全國禪修學術社團負責人 學生禪修社團指導老師
B 明心	女	人文社會（教授）	20 年以上	15 次以上	18 年以上	擔任導師、教育行政主管 全國性禪修學術社團負責人 教職員禪修社團負責人
C 禪悅	男	管理科學（教授）	18 年以上	12 次以上	22 年以上	擔任導師、教育行政主管 學生禪修社團指導老師
D 喜捨	男	工程技術（教授）	21 年以上	30 次以上	15 年以上	擔任導師 全國性禪修學術社團負責人 教職員禪修社團負責人
E 法喜	男	人文社會（教授）	22 年以上	2 次以上	20 年以上	擔任導師、教育行政主管 學生禪修社團指導老師
F 慈悲	男	工程技術（副教授）	11 年以上	3 次以上	15 年以上	擔任導師、教育行政主管 學生禪修社團指導老師

共同研究參與者基本資料統計分析如下：

1、性別：男 5 位；女 1 位。

2、任職單位：公立大學 4 位；私立大學 2 位。

3、職稱：副教授 1 位；教授 5 位。

4、研究學術領域：自然科學 1 位；管理科學 1 位；人文社會 2 位；工程技術 2 位。

5、教學年資：平均 18 年。

6、參加禪七活動的次數：平均 15 次。

7、學習禪修正念經驗：平均 18 年。

8、行政主管或社團負責人資歷平均 9 年。

附錄三　訪談文本資料分析架構

一、人物敘事寫真(學習禪修正念的生命故事)

（一）共同研究參與者學習禪修正念的心路歷程分析

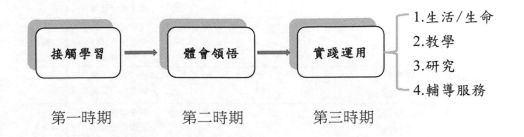

（二）共同研究參與者學習禪修正念心路歷程的三個時期和重要轉化階段
　　分析

時期 項目	第一時期 （接觸學習） （重要轉化階段）	第二時期 （體會領悟） （重要轉化階段）	第三時期 （實踐運用） （重要轉化階段）
重要事件 重要他人			
重要體會 和心得			

二、主題連結建立與分析

（一）禪修正念對共同研究參與者的身心靈和高等教育工作影響的主題分析

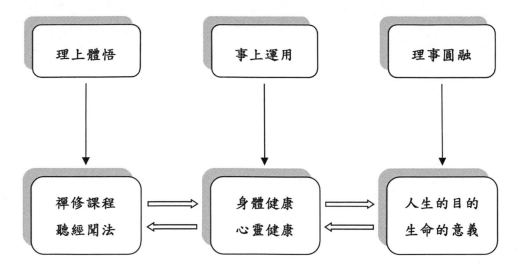

國家圖書館出版品預行編目(CIP) 資料

高等教育工作者禪修正念學習與實踐心路歷程/姜
義勝,楊振昇著. -- 初版. -- 臺北市：元華文創股
份有限公司, 2022.05

面 ； 公分

ISBN 978-957-711-251-4 (平裝)

1.CST: 佛教修持 2.CST: 文集

225.707   111004291

高等教育工作者禪修正念學習與實踐心路歷程

姜義勝 楊振昇 著

發 行 人：賴洋助
出 版 者：元華文創股份有限公司
聯絡地址：100 臺北市中正區重慶南路二段 51 號 5 樓
公司地址：新竹縣竹北市台元一街 8 號 5 樓之 7
電　話：(02) 2351-1607　傳　真：(02) 2351-1549
網　址：www.eculture.com.tw
E-mail：service@eculture.com.tw
主　編：李欣芳
責任編輯：立欣
行銷業務：林宜葶
出版年月：2022 年 05 月 初版
定　價：新臺幣 420 元

ISBN：978-957-711-251-4 (平裝)

總經銷：聯合發行股份有限公司
地 址：231 新北市新店區寶橋路 235 巷 6 弄 6 號 4F
電 話：(02)2917-8022　傳　真：(02)2915-6275